ちくま新書

愛読の方法

前田英樹
Maeda Hideki

1363

愛読の方法【目次】

第三章　生きる方法としての読書　105

第 一 章

本とは何であったか

アテネの学堂（ラファエロ画）

†本などなくてもいい

長らく勤めた大学を、この春に定年退職した。まことにさっぱりとした気分で、清々しい。大学教師というものは、学生の前ではいつも詰まらぬ見得を張りたがるもので、自分は何でも知っているふりをついしたがる。学生さんたちは、知らないことがあんまり多いから、ずいぶんうかつにそのハッタリを信じる。あるいは、信じたいだけかも知れない。教師のさまざまなる弱点と虚勢とは、実はすっかり見抜かれている。こういう不毛の駆け引きから解放されるのは、やっぱり清々しいことである。

もちろん、これは学生相手だけの話ではない。歳をとって大学を辞める、これは研究者とか学者とかいう、世間向けの顔を捨ててよいということだろう。独りになって、本心から好むことだけをしてもいいわけだ。私には、こんなに気が軽くなって助かることはない。なのに、退職後、いつまでも学者ぶって、何でも知ったふうに振る舞うのは、一体いかなる人ならん、と思う。よほど責任感が強いのかしらん。

大学教師には、たいてい個人研究室というものが与えられていて、そこの本棚には、何千冊だかの小難しい専門書が並んでいる。「万巻の書を修める」という修辞が思い浮かぶ。

それが普通のことだが、こんなことが普通になる人間は、ちょっと異常ではないか。私は、かねがねそう感じてきた。こんなにたくさんの本を、独りの人間が読める道理はない。読んだら、精神に変調を来たすにちがいない。

「道理」というのは、いい言葉だ。人間が考えるただの理屈ではない、天から与えられる「理」、そうとしか言いようのないものが「道理」である。こんな体を持って生まれてきた人間は、死ぬまでその体の外では生きられない。その体に与えられた目によっては視《み》ることのできないほど小さな物とか、速く動く物とかは視ることができない。人間が両腕で持ち上げられる物の重さは、多寡の知れたものだし、走れる速さも距離も、馬なんかに較べたら物の数ではない。こんな道理は誰にもすぐわかるが、こと精神の能力に及ぶと、そうでもないらしい。道理をはずれて、どこまでも走れるものと思ってしまう。

それで、万巻の書を修める、というような修辞が通用することになる。この古い言い回しが、古典についての博覧を、誇張をもって表わすのならまだしも、現代の知識人が、ほんとに一万冊の本を書棚に並べているとしたら、事情は大いに異なる。そういうことをしないと、彼は学者だとか専門家だとかの対面が保てないと、勝手に思っているだけである。こんなやり方を、世間では「こけおどし」と言うが、その世間が学者先生にはめっぽう甘い。あれだけの本がほんとうに読まれ、頭のなかで整頓され、その情報が駆使されているのだと信じやすい。「識者の意見」なるものが、世に溢れる所以《ゆえん》だが、こんな時、世間もまた「道理」を踏み外しているのである。

もっとも、「識者」ではない世の人々は、ちゃっかり別の智慧を持っていて、自分の身ひとつがどう生きるかの段になると、そっちを使うだろう。そっちにしか、実際に使い途のある智慧はないから。こうした智慧は、言うまでもなく経験から出て来る。生きる智慧が引き出される経験には、むろん深いものも浅いものも、歪んだものも真っ直ぐなものもある。そこには無数の度合があって、これらの度合が、付き合えばはっきりと知れるその人の性質とか人格とかいうものになっているのではないか。どんな時にも頼りになる人、信用の置ける人、会って話を聞きたくなる人は、多くの場合、こうした経験の世界に住んでいて、蔵書で埋まった大学の研究室などには、あんまりいない。

この事実は、新聞、雑誌で見かける人生相談の欄なんかで、気の毒なまでにあからさまになっている。こういう欄で、相談者を、なるほどと安心させたり、よしそれならと元気づけたりするのは、まず大学教授ではない。人生で苦労をし、底が知れない人の心の表裏を長く背負い続けてきた人である。小説家を名乗るのは、まずそんな人でなければならないはずだが、これが案外とそうでもない。大学教授並みに、間抜けな説教を平気でやっている。小難しい本に頭をやられたせいかも知れない。

この体《てい》たらくを見ていると、見得でするやたらな読書は、何と人を間抜けに、阿呆にしてしまうものかと思わざるを得なくなる。はっきりとは言わなくても、そう感じている人は、実は世間には多い。世間は、常に恐るべきものである。口先でうまく騙しているつもりでも、結局は踊らされている。

†「人文系」は無用か？

近ごろ、政治家や官僚のなかに、大学から「人文系」の学部、学科などなくしたいと思っている人たちが多いようだ。文学部などはその筆頭で、要するに何の役にも立たないことを教え、論文にし、口ばかり達者で始末が悪い人間どもの巣窟である。そう感じている人たちが多いのでなかったら、人文系無用論は大手を振っていないだろう。こうした主張に対して、どこからもさしたる異論が出て来ないことに、私は今さらながら驚いている。まさに世の中は、変わり続けているのだ。長年「人文系」の大学教師で糊口《ここう》をしのいできた身としては、まことに肩身が狭い。

「人文系」だって、その空気はやはり薄々感じている。だから、学生の「ニーズ」だの何だのに敏感になり、精一杯「わかりやすい」授業をしようとし、教育内容の「多様化」だの「グローバル化」だのを心がけている。そうしないと、何より文部科学省の評価が低くなり、たちまち助成金が得られなくなるというわけだ。そうやって、文部科学省の顔色をしきりとうかがいながら、人文系の講義はどう変わってきたかというと、いわゆる「IT機器」を使った電子紙芝居のごときものになってきた。

「IT機器」を駆使した授業が、どれくらい展開されているか、ということは、お役所がする大学評価の重要項目である。授業の時、教師は「パワーポイント」あるいは「パワポ」などと変な名前で呼ばれる映写機械を使って、画像の説明をする。「パワポ」は、パソコンその他の電子機械につながれているから、教師は部屋の薄暗い片隅にある操作盤の前に座ったきりで話をする。その顔も、はっきり見えない。こうした情景が、ごく普通のものになった。これが、進んだ教育だとは、私などには到底思えない。

「パワポ」は、企業がやる企画会議のプレゼンテーション用に開発されたそうだが、いまや大学教育に不可欠の道具となっている。しかし、大学での授業と、企業でのプレゼンテーションとは、どう考えても同じ性質のものではあるまい。それを同じにしたがるのは、

「人文系」の大学教育が、実はまるで役に立たないものだという後ろめたさの裏返しではないか。そんなふうにも、感じられてくる。

教育は、情報の伝達ではない。大学は、知っていれば得をする話を、わかりやすく、効率的に伝えるところではない。私はそう信じて、何十年も「人文系」の学部で働いてきた。では、君はそこで一体何をしてきたのか、改まってそう訊かれると、返答に窮する。ただ、言えることは、私はそこで、自分がこの身を通してつかんだことしか、語らなかったし、語れなかったということだ。聴く者の前に、己の全身を曝《さら》すのでなかったら、そんなことは、できはしなかった。こんな男には、「パワポ」など、とんでもなくお節介な道具に見えた。

†本ばかり読んでかえって馬鹿になる人間

もう退職したので、遠慮なしに打ち明けるが、私は授業の時に話しかける相手を「学生」だと思ったことは、ほとんど一貫してなかった。いま心を開いて話し、自分の言葉がどれだけ通じるか、通じないか、心許ないその交渉を毎回試みる相手だった。何も特別なことではない。私たちが本気で生きる時には、誰もが生活のなかでしていることではないか。どうして大学教師だけが、特別でいられるだろう。

どんなに不完全なもの、整っていないものでも話す言葉は、おそらく書かれた言葉以上に生きる上では大事なものだ。ごまかしの利かないものだ。紛れもないその人が、今そこにいる、という感触を、実感を、私たちはその人が現に話す言葉からじかに得ている。あまりにも直《じか》に得ているだろう。言葉の意味というものは、声の抑揚、強弱、リズムから決して切り離せないし、もともとはひとつのものである。ということは、言葉の意味は、話されるたびごとに、そこに生まれ、人の心に入り込み、そこで別の命に生まれ変わって持続していく、そういうものだということでもある。

実際、ある人についての忘れがたい印象は、その人が話した言葉の、ある忘れがたい話しぶり、声音や調子や身振りと一体になっている。人が人と共に生きるとは、こうした言葉の働きのなかに共にいようとする、その働きを直接に分け合おうとすることではないか。ある時は、浮き立つように嬉しく、ある時は、沈み込むほど深刻に。教育の場が、どうして人間のこのような基本の事実と無縁でいられるだろう。

「パワポ」の授業が、進んだ教育だと思っている人は、教育を情報の伝達や開示だと思っているのだろう。これだけの情報に通じていれば、あなたは合格です、卒業です、では証明書を、という具合のものだ。その情報とは一体何なのか。いずれ具体的な人格を離れて流通する何か奇怪な知識であろうが、そういうものは、文字に書かれてあるほうが便利に決まっている。「パワポ」と言ったって、そこに映し出されるのは、まずはほとんどが文字である。何かする上で最有力の情報は、ＩＴ機器がどんなに進歩しても、当分の間は、文字であることをやめないだろう。何かを読んで情報を得る、その仕方が変わっただけのことである。

電子書籍の普及が勢いを得ると、当然のこととして、紙の本を守ろう、という意見があちこちから出てくる。みなもっともな意見だが、電子書籍もまた一種の本に過ぎないではないか。紙と違ってかさばらず、桁外れな量の文字情報を、手軽に持ち運べる。本は文字情報だと考えるなら、電子書籍の便利さは、どうも否定しようがない。本ばかり読んで、あるいは読んだふりをして、かえって馬鹿になる人間は、あとを絶たないどころか、どんどん増えてくるかもしれない。電子書籍に限らない。ＩＴ機器の進歩によって、文字情報に溺れ、やっかいな中毒患者と化し、実人生を紛失して生きる人間は、ますます多くなる可能性がある。

†文字に対するソクラテスの疑い――タムゥスの逸話

プラトンが、対話篇『パイドロス』のなかに書いている文字批判は、有名なものである。ここで彼が、ソクラテスの口を借りて語っていることは、「ものを書くということはどのような条件のもとにおいて立派なことだといえるのか、またどのような条件のもとでは立派でないということになるのか、という問題」(藤沢令夫訳、岩波文庫。以下同じ)だった。そもそもソクラテスには、言葉が文字によって伝わる、人の胸中に届きうる、ということへの根本からの疑いがあった。

「さてそれでは、言葉というものについてどのように態度をとったり、あるいは語ったりすれば、最も神の意にかなうことになるのか」、ソクラテスはパイドロスに向かってそう問いかける。パイドロスは、少しも知らないと正直に答える。そこで、ソクラテスは、古いエジプトの全域に君臨した王、タムゥスという神様の逸話をゆっくりと語り出す。かいつまんで話すと、次のような内容である。

昔、エジプトのナウクラティス地方に、テウトというひとりの神が住んでいた。この神様は、いろいろなものを発明することに長けていて、算術や計算、幾何学や天文学、将棋に双六なんかを発明した。しかし、何と言っても特筆すべきは、文字の発明であった。テウト自身もこの発明には、ずいぶんな自負がある。

さて、そのテウトがタムゥス王のところへ呼ばれ、発明品の数々を披露することになった。テウトの説明に、王は熱心に耳を傾け、発明品のうちのいいと思った点は大いに褒め、悪いと思った点は鋭く咎《とが》めた。話は、いよいよ文字の段に至った。テウトは得意げに言う。「王様、この文字というものを学べば、エジプト人たちの知恵は高まり、もの覚えはよくなるでしょう。私が発見したのは、記憶と知恵の秘訣なのですから」と。

タムゥス王は、どのように応えたか。テウトよ、技術上の何物かを発明する力を持った人と、その何物かが、それを使う人間にどのような害や益をもたらすか、そこを判別できる人とはいつも別なのだよ。君は、文字の発明者、言わば生みの親だ。その情に目が曇って、文字が実際に持つ効用を見誤っているのではないか。文字は記憶と知恵の秘訣どころではない、それを学んだ人々を、ひどく忘れっぽい、上の空な人間に仕立て上げるだろう。書かれたものを軽々しく信じ、自分の外に彫りつけられた徴《しるし》で何でも思い出し、自分自身よりもそっちを信じるようになる。つまり、何かを自分の内からほんとうに思い出す努力を投げ出してしまう。

王は続ける。テウトよ、君が発明した文字とやらは、何かを心に貯え、養う秘訣ではなくて、憶えていなくてもその知識に至る手段である。そうした手段で与えられるものが、知恵だと言えようか。そんなものは、「知恵の外見」であって、「真実の知恵」ではない。君の発明品でものを学んだ連中は、人から親しい教えを受けることもなく、たいそうな物知りになるわけだ。こういう手合いは、ほんとうは何も知らないのに、見かけだけは非常な博識家で通る。知者となる代わりに、自分が知者だという自惚《うぬぼ》ればかりを大きくする。こんな付き合いにくい人間もあるまい。

†「書かれた言葉」の災厄

『パイドロス』のこういう一節を読むと、私は「パワポ」の授業を思い出して吹き出すのだが、むろん問題はIT機器なんかではない、それよりはるかに深く人心に根を張ってきた「文字」そのものの存在である。ソクラテスは言う。ひとつの技術を文字のなかに書き残したと思っている人、その技術を書かれたものから明瞭に学べると思っている人は、何という「お人よし」であろうか。新しい発明品とやらを、軽々しく信じる人であろうか。

ソクラテスによれば、書かれたものは、絵画に似ている。絵に描かれた人物は、生きているかのように立っているが、君が何かを話しかけても、尊大に構えて沈黙したまま、何も応えはしない。『パイドロス』にあるソクラテスの金言から引こうか。

「書かれた言葉もこれと同じだ。それがものを語っている様子は、あたかも実際に何ごとかを考えているかのように思えるかもしれない。だが、もし君がそこで言われている事柄について、何か教えてもらおうと思って質問すると、いつでもただひとつの同じ合図をするだけである。それに、言葉というものは、ひとたび書きものにされると、どんな言葉でも、それを理解する人々のところであろうと、ぜんぜん不適当な人々のところであろうとおかまいなしに、転々とめぐり歩く。そして、ぜひ話しかけなければならない人々にだけ話しかけ、そうでない人々には黙っているということができない。あやまって取りあつかわれたり、不当に罵られたりしたときには、いつでも、父親のたすけを必要とする。自分だけの力では、身をまもることも自分をたすけることもできないのだから」。

これは、紀元前三七〇年頃のギリシアでの話だが、どうだろうか。ソクラテスが予言した「書かれた言葉」の災厄は、現代世界では行き着くところまで行っているように思われる。「ネット社会」とやらに征服された私たちは、気軽に何かを書いては、罵倒され、それがまた新たな罵倒を生んで、混迷は果てしもない。あるいは、意味を欠いた賞讃が、文字によってどこかに湧き起こると、それが枯野に点いた火のように拡がり、それもまたすぐに、書かれた罵詈雑言に呑み込まれる。

こうして増幅され続ける嫉妬、不信、憎悪は、考えてみればまことに恐ろしいもの、危険なものであって、現代人の救いがたい不機嫌、苛立ち、病んだ妄想の種になっている。馬鹿馬鹿しいことに、次の世界大戦は、ここから起こるかも知れないのである。しかも、「ネット社会」に氾濫する「書かれた言葉」には、それを守ってくれる父親もいなければ、血と血でつながった産みの親もいない。書かれた途端に、そういうものは雲散霧消し、時にその言葉は、出所不明の怪物になってしまう。

†「問答法」の理想

言葉というものが本来持っている性質、それが発揮する力は、やはり人の口から話される言葉にある、プラトンはそう考えていたようである。むろん、話される言葉がすべていいと言うのではない。しかし、ほんとうに教え、学ばれる言葉は、生身の人間の、その口から出る言葉のなかにしかない、というのがプラトンの動じない信念なのだ。彼は、この信念を、師ソクラテスとの親しい「問答」によって育てた。相手を言い負かし、自分の陣営に抱き込むことを目的とする姑息な「弁論術」によってではない。信じ合う者との間で交わされる、生きた「問答法」によってである。

こういう「問答法」には何ができるのだろう。ソクラテスの言い方では、語るにふさわしい相手を得て、「その魂の中に言葉を知識とともにまいて植えつける」ことができる。そこで語られる言葉は、「自分自身のみならず、これを植えつけた人をもたすけるだけの力をもった言葉であり、また、実を結ばぬままに枯れてしまうことなく、一つの種子を含んでいて、その種子からは、また新なる言葉が新なる心の中に生まれ、かくてつねにそのいのちを不滅のままに保つことができるのだ。そして、このような言葉を身につけている人は、人間の身に可能なかぎりの最大の幸福を、この言葉の力によってかちうるのである」(『パイドロス』)。

教育というものの目的を、これ以上美しく語ることはできまいと思われる。いや、むしろ、この世に教育などというものはない、「新なる言葉」を「新なる心」に、「その魂の中に」植え付けようとする日々怠りない努力があるだけだ、ソクラテスはそう言っているのだろう。言葉についてのソクラテスのこの理想の種子は、まさしくプラトンの魂のなかに植え付けられ、芽を出して育ち、新しい樹木として生きた。命の不滅とは、それが別の命に受け継がれ、絶えず新たになることだ。そういうことを目的ともせず、信じもしないで、一体何が教育であろうか。

文字は、話され、問答を交わし合っている生きた言葉の「影」でしかない、というプラトンの、あるいはソクラテスの思想は、遠い後世に批判を受けることになるが、それについてはまた後で考えよう。少なくとも私には、『パイドロス』で語られた「問答法」の理想は、今読んでも少しも減ずることのない強い光を放っている。それだけを言っておこう。むろん、ここにあるのは、言葉の問題にとどまる話ではなかろう。結局のところ、人が生きるとは何か、この身ひとつが永遠の命に触れて生き続けるとは、どのようなことか、プラトンはソクラテスの口からそれを語らせているのである。

†話し言葉と書き言葉

文字が発明されたおかげで、人は、知るとか、考えるとか、語り合うとか、あるいは思い出すとか、死んだ人を偲《しの》ぶとか、そういったことに関しての数限りない錯覚に取りつかれるようになった。たとえば、〈知識〉という言葉があるが、これは何を指しているのか。何かの本に書いてある事実で、誰がどこで知っても、知らなくても、そこに転がっているものが知識なのか。それを覚え込んで、すぐ思い出せるようにするのが勉強なのか。そういうことなら、勉強などは、とほうもなく退屈な、詰まらぬ代物だろう。

ただ、人に威張ってみせたり、人を出し抜いたり、人を試したり脅したりの道具にする材料、それが〈知識〉だということになる。人がそんなものを振り回して得意になる愚かな暴力への怒りが、ソクラテスには、まずあったに違いない。その暴力が、教育の仮面を被るとしたら、なおさらのことだ。彼が「問答法」と称して行なう言葉の業《わざ》は、そんな意味での教育とは、関係がないどころか、鋭く対立している。彼にとって、知識はそれを得た人の魂に植えられる智慧であり、それは、人から人へと身を通して伝わる。伝わらなければ、やがて生きていく力、育っていく力を失うものだ。だからこそ、彼は問答を続ける。問答は、彼の生き方であり、彼が生きることそれ自体である。

したがって、ソクラテスはただ書き言葉より、話し言葉がいいと言っているわけではない。話し言葉のなかにも、理屈っぽい性格の人間が魅せられる「雄弁術」のように、人を脅したり化かしたりするのが目的の、まことに手の込んだ詐欺まがいの技術がある。『パイドロス』の文字批判は、この「雄弁術」の批判から始まっている。「雄弁術」と文字とは、大変仲がいい。それは、そうだろう。そこでは、語っている本人の魂は空っぽであり続け、真剣に生きられ、信じられているものは何もない。言葉は、真偽不明の情報を伝える符牒《ふちょう》に過ぎない。文字の悪霊は、そういう人間の魂の空洞が大好きである。住み心地がいい。

ソクラテスは言う。「正しきもの、美しきもの、善きものについての教えの言葉、学びのために語られる言葉、魂の中にほんとうの意味で書きこまれる言葉、ただそういう言葉の中にのみ、明瞭で、完全で、真剣な熱意に値するものがある」と。言葉が持つこの働きの方向を、言わば血筋において正統に受け継いでいるのは、書き言葉ではなく、話し言葉のほうだ、彼はそう言いたいのである。

すると、ソクラテスの、あるいはプラトンの考えは、次のような思想を含んでいるのではないか。言葉というものは、話されたり、書かれたりする以前にすでに存在している。その言葉には、ふたつの方向があって、そのうちのひとつは、生きた魂のなかに植えつけられて育ち、その魂を強く太らせる。もうひとつの方向では、言葉は、真偽不明の情報を洪水のように垂れ流すばかりで、一向に魂のなかにとどまらない。言葉のこの二方向は、話される言葉のなかにも、書かれる言葉のなかにも潜んでいる。ただし、前者の方向をより正統に、明瞭に保持しているのは、話し言葉のほうである……。

プラトンは、ソクラテスと違って、たくさんの本を書いた。だからこそ、ソクラテスの考えは、今も私たちの手元に書物としてある。文字には、そういう功徳もあるわけで、これに文句があろうはずもない。しかし、プラトンは信じていたに違いない。ソクラテスの肉声が響かせた言葉が、自分の魂に植えつけた忘れがたい智慧は、その言葉の肉声の響きそのものと、ついに切り離すことができない、自分が書き続ける言葉は、永久にそれに及ばないと。プラトンの著書を不朽のものとするのは、余人が窺い知れぬ、師へのこの尊敬の深さではないか。

†巨大な錯覚

文字に書かれた言葉は、言葉というものについて実に根強い錯覚を生み、それはさまざまな場所へと拡がり、浸み込んでいく。スイスのフェルディナン・ド・ソシュール（一八五七〜一九一三）ほど、この錯覚と正面から闘った言語学者はいなかった。彼が闘ったのは、まず何よりも自己の内に巣食った強固な錯覚であり、そうした闘いそのものによって、言語学者たることが一切不可能になるところまで追い込まれてしまった。

一九〇八年から〇九年にかけて、ジュネーヴ大学で行なわれた「一般言語学講義」のなかで、彼は言っている。言語学で大事なのは、言語というものを、わけのわからない有機体（自然界の生物に似たもの）とは見ず、たくさんの「言語記号」で出来た体系として見ることだ。が、こう言えば、たちまち私たちは言語有機体説よりもっと陳腐な錯覚に陥ってしまうだろう。なぜなら、「記号と言えば、私たちは、すぐ視覚的な記号のことを考える。そして記号の分離はまったく単純であり、精神の操作を何ら必要としないものだという誤った発想に転落する」。

これは、一九〇八年十一月三十日の授業で、アルベール・リードランジェという学生が筆記した言葉である。この頃には、もはやソシュールは、言語学に関する論文をまったく書けない状態にあった。その状態で、一般言語学講義を担当するのは、いかにも辛いことであった。が、不思議なことに、彼はこの上なく見事な、優雅なまでに美しい授業を展開し、柔らかいその声は、一般学生を魅了したのである。

ソシュールには、書かれるよりも、話されるよりも以前のところで運動する言葉の

「実在《レアリテ》」への強い、明瞭な直観があった。その運動は、他のあらゆる運動と同じく、時間の秩序を生み出しながら展開されている。しかも、それは、他のどの運動とも似ていない言語的な時間とでも言うほかないものを、私たちの意識に産み出し続ける。言語学は、この特異な時間をどう語るか、問題はそこにあった。

話される言葉は、そうした時間の現われとして連続していく。書かれた言葉はどうか。これは、目に見える像にほかならないから、人に読まれようが読まれまいが、それを読む時間と無関係に、いつも目の前に在るように思えてくる。つまり、存在するのに「精神の操作を何ら必要としないもの」のように見えている。そこにはじっとして動かない幾つもの単語が在り、それらがつながってできる文が在り、文章が在る、というわけだ。

しかし、そうした印象は、錯覚なのである。言葉は、書かれようと、話されようと、人から人へと伝わる運動として絶え間なく産み出され、独自の持続を積み重ねていく。このことは、対話に限った話ではない。私たち人間種は、独りでいる時でも、自分に向かって、心の声で話し続けている。私たちの意識、言い換えると「精神」は、言語という時間から、それが創り出す意味の振動から、決して離れて生きることができない。

にもかかわらず、文字があるばかりに生じる言葉についての錯覚は、私たちの心を広く領し、言語学はその錯覚の上に巨大な空中楼閣を築いている。単語の形態、意味、文の規則といった、動かない、死んだ要素の集まりに言葉を分解し、固定し、それらの合理的な説明法に執心している。それが、言語学ということになっている。こんなソシュールの言語学批判は、言語学者であるための基本の前提を大きく踏み外しているのかもしれない。が、そのことがかえって言語学に無知な学生の心を強くつかんだ、そう言ってもいいのだろう。

†ソシュールの闘い

ここで、言語学をめぐるソシュールの思考の悪戦苦闘を詳しく辿ることは控えるが、ただ、次のことだけは、言っておきたい。言葉は、運動だ、流動だと主張しているだけでは、確かに言語学という学問は成り立たない。言葉には、それを生動させるための生きた分節が、「単位」が在ること、これだけは認めなくてはならない。それらの「単位」は、文字に書かれた〈明確な区切り〉とは、ほとんど何の関係もない在り方をしている。そうした「単位」を語る方法は、どこにあるのか、言葉が言葉自身を振り返り、捉え返す手立てはどこにあるのか。言語学のほんとうの問題は、ここに集中する。同じ日の授業でソシュールは言っている。

「言語学の任務は、これらのあらゆる有効単位が、現実に何であるかを決定することだろう。言語学がそのことを了解してきたとは言いがたい。なぜなら、そこで行なわれてきたのは、でたらめな単位をめぐるあれこれの論議でしかなかったからだ。言語学が行なうこうした単位の決定は、単にその緊急の任務というだけではない。もし、それができてしまえば、言語学はその全任務を成し遂げたことになるだろう」。

これを言い換えれば、言語学とは、文字が与える巨大な錯覚との、最も根底からの闘いでなくてはならないということである。にもかかわらず、言語学はこの錯覚に加担し、それに科学の外観を与える役割さえ引き受けている。何も知らない学生たちに向かって吐露されている言語学へのソシュールの激しい批判は、彼自身が挙げてきた華々しい業績に対する容赦ない否定にほかならなかった。その肉声が、学生の心に直《じか》に届いたとは、まことに不思議なことではないか。私は、そう思っている。

文字に対するソクラテス、プラトンの嫌悪は、ソシュールに至って初めて言語学の正確な表現を得たのだと言ってもいい。そのことが、「言語学」と呼ばれるものを、ソシュール自らが壊す結果に導いたとしても、である。もちろん、言語の本体が「音声」だというようなことは、近代の言語学者たちはみな言っていた。しかし、そう言いながら扱われている「言語音」なるものは、文字が与えてくれる明確な区切り、固定された自明の外観に影響され、その影響のもとで記述されたり、分析されたりしているのである。

文字が与える錯覚から徹底して自由になった言語学は、「言語音」などを扱って満足したりはしない。言葉は、文字にも音声にもない何ものか、言語だけに在る何ものかをもって運動し、私たちの命と共に持続し、最上の対話を通して人間の魂に不滅の智慧を植えつけるだろう。ソクラテスは、そう信じたが、こんな言い回しは、もちろん言語学者のものではない。したがって、ソシュールは、これとはまったく別の、ほとんど苦しげなまでに厳密な言い方をしようとするのだが、二人が語ろうとしていたのは、実は同じ事実だったのではないか。

†中島敦「文字禍」

書かれた言葉がもたらす害、というものについて、古代ギリシアの哲人ソクラテス、プラトンはあんなにも敏感だったわけだが、この問題との格闘は、むしろ日本人の長い精神史の底で、まことに深く、烈しく、独特の形で為され続けていたように思う。このことは、あとの章で、だんだんに述べていこう。

ところで、中島敦（一九〇九〜一九四二）という近代作家がいる。この人は、昭和十七年に三十三歳の若さで、持病の「心臓性喘息」のために亡くなっており、この早逝は、日本の文学の歴史にとって惜しんで余りある大きな損失だったと、私は思っている。敦の祖父、慶太郎は漢学者で、埼玉県久喜本町に漢学塾「幸魂《さきたま》教舎」を構え、門弟は千数百人にのぼったという。敦の父も漢学の教えを継いで、文部省の中学教員となり、日本各地に、また朝鮮総督府の龍山中学校などにも赴任した。

家の学問だった漢学に関する敦の教養は、並のものではない。その上に、彼は学校でヨーロッパ諸言語を実によく学び、特に英語、ドイツ語、フランス語についての知識、運用能力はかなりのものだったと思われる。彼の小説を読めば、その読書力、語学力には、何か異様な、測り知れない性質があったことを感じずにはいられない。

その彼が、「文字禍」という掌編小説を書いている。掌編だが、ずしりと重く、限りない思索へ誘うと共に、捧腹絶倒の笑いをも引き起こす。まさに、名品と言うよりほかない。

書かれたのは、昭和十六年、すなわち作者が死ぬ前の年で、彼は小説家として、まだまったく無名の人だった。

文字禍とは、読んで字のごとく文字がもたらす「禍《わざわい》」のことを指す。小説は、紀元前七世紀のアッシリヤ帝国の話とされている。その帝国の大王アシュル・バニ・アパルの治世下で妙な噂が起こる。主都ニネヴェの図書館で、毎夜、文字の精霊たちのひそひそとした怪しい話し声が聞こえるというのである。この頃、アッシリヤ人たちは、さまざまな種類の精霊を信じていたが、文字の精霊なるものが在ることは、まだ誰も聞いたことがない。大王は、「巨眼縮毛の老博士ナブ・アヘ・エリバ」に命じ、この未知の精霊について調査させる。老博士は、日毎、図書館に籠って調査に没頭する。もっとも、この頃のアッシリヤの本は、紙ではなく瓦でできているから、「図書館は瀬戸物屋の倉庫に似ていた」。

調査が進むにつれ、驚くべきことが次々とわかってくる。文字に霊が宿るという説は、過去のどの書物にも書かれていないようだから、老博士は、自力でその答を見つけ出すしかない。彼は、任意の文字を取り上げてそれを見詰める。見詰めに見詰めていると、文字はバラバラの線に解体して、無意味な線の集まりに過ぎなくなる。なぜ、こういうものに一定の意味や音が結びつくのか、エリバには根本からわからなくなる。この疑問は、次第に驚愕となった。

「ここ迄《まで》思い到った時、老博士は躊躇《ためらい》なく、文字の霊の存在を認めた。魂によって統《す》べられない手・脚・頭・爪・腹等が、人間ではないように、一つの霊が之《これ》を統べるのでなくて、どうして単なる線の集合が、音と意味とを有《も》つことが出来ようか」。(「文字禍」)

体に手足を動かす霊があるように、文字には、線の集まりを文字として読ませる霊が取りついている。この発見のあと、老博士が文字の霊たちをつかまえるのには、決河《けっか》の勢いがあった。「文字の精霊の数は、地上の事物の数程多い、文字の精は野鼠のように仔《こ》を産んで殖《ふ》える」。今まで、これに気づかなかったとは、何という不覚であろう。

†文字を覚えてから……

人間が住む世界は、「地上の事物の数」に匹敵する数の「文字の精霊」に溢れ返っている。これらの精霊は、人の心に巣食う野鼠、もしくは害虫のように始末が悪い。博士は、図書館を出て街中を歩き回り、最近になって文字を覚えた人を見つけては、根気よく尋ねた。文字を知る以前に比べて、何か変わったことはないかと。答を集めると、まことに「おかしな統計ができあがった」。ここは、少し長くなるけれども、「文字禍」の言葉で読んだ方が面白い。

「それに依れば、文字を覚えてから急に蝨《しらみ》を捕《と》るのが下手《へた》になった者、眼に埃が余計はいるようになった者、今迄良く見えた空の鷲《わし》の姿が見えなくなった者、空の色が以前程碧《あお》くなくなったという者などが、圧倒的に多い。『文字ノ精ガ人間ノ眼ヲ喰イアラスコト、猶《なお》、蛆虫《うじむし》ガ胡桃《くるみ》ノ固キ殻ヲ穿《うが》チテ、中ノ実ヲ巧《たくみ》ニ喰イツクスガ如シ』と、ナブ・アヘ・エリバは、新しい粘土の備忘録に誌した。文字を覚えて以来、咳《せき》が出始めたという者、くしゃみが出るようになって困るという者、しゃっくりが度々《たびたび》出るようになった者、下痢するようになった者なども、かなりの数に上る。『文字ノ精ハ人間ノ鼻・咽喉《のど》・腹等ヲモ犯スモノノ如シ』と、老博士は又誌した。文字を覚えてから、俄《にわ》かに頭髪の薄くなった者もいる。脚の弱くなった者、手足の顫《ふる》えるようになった者、顎《あご》がはずれ易くなった者もいる。しかし、ナブ・アヘ・エリバは最後に斯《こ》う書かねばならなかった。『文字ノ害タル、人間ノ頭脳ヲ犯シ、精神ヲ麻痺《まひ》セシムルニ至ッテ、スナワチ極マル。』文字を覚える以前に比べて、職人は腕が鈍り、戦士は臆病になり、猟師は獅子を射損うことが多くなった。之は統計の明らかに示す所である」。

老博士は、文字による言葉の専門家、権威者であるから、こういう調査結果も粘土板に文字で記す。彼もまた、頭髪は薄く、手足は震え、目にはすぐ埃が入って顎は外れやすく、始終くしゃみをしていたかも知れぬ。学者としてのその頭脳は、果たして犯されているか。犯されているなら、どれくらい？　これは、彼には最も判定しがたいことなのである。しかし、老博士は、文字の害が「精神ヲ麻痺セシムル」ことを、はっきりと粘土板に書いた。文字を睨《にら》み続けて、その線がバラバラに解体していった時、解体したものは、文字に喰われて麻痺した自分の精神だったことに、彼は想い到ったのだろう。

†「文字の霊」に呪われた者

実際、エリバの精神は、文字による麻痺から解かれて、崩壊の危機に瀕したことを、「文字禍」はまことに端正な筆で書いている。彼こそが、文字の霊に徹底して呪われた者になった。文字の病《やまい》を、どこまでも深くする者になった。

というのも、文字がバラバラの線に解体していって以来、「それと同じ様な現象が、文字以外のあらゆるものに就いても起こるようになった。彼が一軒の家をじっと見ている中《うち》に、その家は、彼の眼と頭の中で、木材と石と煉瓦《れんが》と漆喰《しっくい》との意味もない集合に化けて了《しま》う。之《これ》がどうして人間の住む所でなければならぬか、判らなくなる。人間の身体を見ても、其の通り。みんな意味の無い奇怪な形をした部分部分に分析されて了う」。

狂ってきたのは、視覚ばかりではない、理解力の根本がおかしくなってきた。「人間生活のすべての根柢《こんてい》が疑わしいもの」に見えてきた。博士の精神は、追い詰められる。怖くなった彼は、早々に報告書をまとめ、それをアシュル・バニ・アパル大王に恭《うやうや》しく差し出した。ただし、そこに次のような若干の「政治的意見」が付け加えられた。「意見」は、みずからの病に追い詰められた老博士の悲鳴のようなものだ。

「武の国アッシリヤは、今や、見えざる文字の精霊のために、全く蝕《むしば》まれて了った。しかも、之に気付いている者は殆《ほとん》ど無い。今にして文字への盲目的崇拝を改めずんば、後に臍《ほぞ》を噬《か》むとも及ばぬであろう」。

「文字の霊」が、このように的確な、覚醒した「讒謗者《ざんぼうしゃ》」を放っておくはずがない。ナブ・アヘ・エリバは、当時第一流の知識人たる大王の激怒を買い、直ちに謹慎の処分を受ける。それだけではない。報告書を献上して数日後、この地域を襲った大地震のために、たまたま書庫にいた博士は、数百枚の重い粘土板の下敷きになって無残に死んだ。「文字共の凄まじい呪の声と共に」圧死したのである。

†言葉への軽信

どうであろうか。朗々とした文体で書かれたこの話は、衒学趣味に浸った、ただの冗談であろうか。そうとしか思えない人もいるだろう。私たちの生活の奥に、こんなにも浸み込んで抜き去ることのできなくなった文字の影響を、いまさら危ぶんで何の意味があるのか。いや、それどころではない。いまや、機械による映像の恐るべき勢いに流され続けている私たちとしては、本による教養の復権をこそ唱えなくては、勉強嫌いの子供たちにも示しがつかない。そんなふうに言い出す生真面目な教育者もいそうである。何しろ、本好きのインテリたちは多い。小説家は、彼らに気に入られなくては、ますます食っていけなくなるだろう。なのに、夭折したこの近代作家は、いったいどういう了見だったのか。

中島敦の文字批判が向けられている方向は、詰まるところプラトンと同じだろう。本をたくさん読んで、物識りになり、インテリと称される者になり、他人を小馬鹿にしたり、煽動したり、あるいは社会の現状を皮肉に嘆いたり、そういう趨勢が、実はどれだけ人間全体を腐らせ、魂も感覚も虚ろになった集団の勢いを増幅させていくか、肚の据わったこの無名作家は、静かにそうしたことを物語っていたのである。

我が身が一身で生きることを棚上げにする「知識」とやらで、他人をへこませて威張るのに、文字はどうも格好の道具のように思われる。こういうことをするのに、本は必ずしも必要ではないだろう。文字化された怪しげな情報が、やたらにたくさんあれば大丈夫だ。IT機器を駆使して、文字情報が無限大に飛び交う非現実の記号空間が、まさに現実として出現した今日では、文字の勢力は衰退するどころか、発展の一途だとさえ言える。本などという、迂遠《うえん》極まる文字情報の運搬手段が廃れることなど、何でもあるまい。

そう考えると、プラトンやソシュールや中島敦が批判していたのは、文字や本そのものではなかったことがわかる。文字や本の働きを介して、人の世にずる賢く発生し、蔓延し続けている、ある特殊な病気、すなわち言語への怠惰で蒙昧で危険な軽信であったことがわかるのである。

†文字は、人のなかの何を損なうのか

プラトンは、たくさんの対話篇を書き、ソシュールは、文献学者として第一級の仕事をし、中島敦は、漢学に関わる本格の教養を引っ提げて見事な文体の近代小説を書いた。このことは、文字を疑う彼らの態度と少しも矛盾してはいない。

言葉は、話されることにあるのでも、書かれることにあるのでもない、言葉だけの領域で運動している。その運動が、話し手と聴き手とを交互に創り出す。いや、話している者も、自身が話す言葉の聴き手なのだから、話すこと、聴くことは、いつも同時に成り立つ運動なのだと言える。それが、動物のなかに人間を、意味を求めてやまない人間を創り出している。〈物〉だけの世界にはない、〈意味〉という類例のない運動を求めて生きる不思議な動物を、である。この事実を、文字は巧妙に、時には、ほとんど狡猾に隠す。そのことが、どれだけ人間を損なうか。文字に対して最も深くから為される批判は、どこで、いつ為されようと、このことを撞《つ》いている。

そう、言葉は、物ではなく、私たちを人間として生きさせる、私たち自身を引き込んでやまない運動なのだ。文字は、そのことを忘れさせる。書かれた文が、どこかにあると、

それは読まれることと関わりなく、いつもそこにあって、それを知識のうちに加えることが勉強だか、情報の入手だか、指示の受け取りだか知らぬが、とにかく、自分たちには得になる話だということになってしまう。

学校で、教科書を使って勉強した時、私たちはそんな具合の知識の扱い方を教わったし、世の中に出てからも、そうした扱い方は、一向に改まらなかった。大学の授業でも、企業の「プレゼン」でも、「パワポ」が大手を振る所以《ゆえん》だろう。プラトンは、ほんとうの知識は、人の魂から魂に株分けされ、移植され、次第に育っていくものだと考えた。その考えは、師ソクラテスとの条理を尽くした問答によって植え付けられ、育ったものに違いない。種子は師の言葉にあったが、育つ力は、土壌は、もともと弟子自身のなかにあったのでなくてはならない。そうでなくて、どうして教えるということが成り立つだろう。

反対に、文字にされ、印刷され、あるいは電子化されて、誰の魂とも、体とも無関係になった知識は、また、それを語っているかに見える言葉は、誤解されるというよりも、ほんとうの意味を持たない虚ろな符号として無差別に世間を浮遊するのである。そんな符号をやたらにたくさん貯め込んだ人たちを、情報通だとか、識者だとかと世間では呼ぶようだが、プラトンに言わせれば、彼らは、誰からも「親しく教えを受け」た者たちではない。

物品を輸入でもするように、自らは生きて確かめたことのない知識を、文字を通して仕入れたに過ぎない。そのくせ、物識りの自負だけは、人一倍持っている彼らは、「知者となる代りに知者であるといううぬぼれだけが発達」した、いたって「つき合いにくい人間」たちだということになる。誰にも、そういう知り合いがいよう、身に覚えもあろう。

プラトンが言いたい、ほんとうの知恵、ほんとうの知識とは、それを育て上げた人の魂のなかに、またそれを容れた体のなかに在って、そこから離れることのできない智慧である。それは、つまりその人の生きた人格と言っていいものだが、実際、ソクラテスの問答法は、人格から人格に伝わる感化の力によって、対話し合う者の間に智慧を産んだ。この世に、独りの人間として生きるための永遠の智慧を産んだのである。

†物の「影」しか見えない

中島敦の小説「文字禍」には、文字を覚えてからというもの、鷲の飛ぶのが見えなくなった人、蝨《しらみ》を捕れなくなった人、空の色を碧く感じなくなった人、しゃっくりや咳がひっきりなしに出る人の話があった。脚の力が弱くなり、手足がむやみに震えるという人の話もあった。これは作家の冗談であろうか。あながち、そうでもあるまい。文字のおかげで発達したいろいろな技術があり、知識の形態があり、感じ方の類型がある。それが、体の感覚を鈍らせる、知覚を狂わせる、余計な気苦労をやたらに増やす、体を動かす能力を低下させる、そういう事実ならいくらもあるだろう。そのことが、心に不治の病を引き起こしたり、人を死に追いやったりする例を、私たちは、すでによく知っているではないか。「文字禍」は言う。「獅子という字は、本物の獅子の影ではないのか」。その影で、獅子を覚えた猟師は、本物の獅子の代わりに獅子の影を狙うようになるのではないか。彼の弾は決して獅子には当たるまい。物ではなく、物の影を見る、それしか見ようとせず、やがて実物を見る力も喜びも失っていく……。

また、ある書物狂の老人は、「スメリヤ語やアラメヤ語ばかりでなく、紙草《パピルス》や羊皮紙《ようひし》に誌された埃及《エジプト》文字までですらすらと読む。凡《およ》そ文字になった古代のことで、彼の知らぬことはない。彼は［紀元前十三世紀のアッシリヤ王］ツクルチ・ニニブ一世王の治世第何年目の何月何日の天候まで知っている。しかし、今日の天気は晴れか曇か気が付かない。彼は、少女サビツが［古代バビロニアの叙事詩に登場する王］ギルガメシュを慰めた言葉をも諳《そら》んじている。しかし、息子をなくした隣人を何と言って慰めてよいか、知らない」。ここに、作家の自嘲を読むのは、間違いだろう。作家は、まず無邪気に笑い、そして底知れず憂えている。

文字のなかった昔は、「歓びも智慧もみんな直接に人間の中にはいって来た。今は、文字の薄被《ヴェイル》をかぶった歓びの影と智慧の影としか、我々は知らない。近頃人々は物憶えがわるくなった。之も文字の精の悪戯《いたずら》である。人々は、最早《もはや》、書きとめて置かなければ、何一つ憶えることが出来ない」。この場合、物憶えが悪くなったとは、自分自身で心を働かすことが下手になったということだ。自分の心ですることを、文字に預け、それが書かれた場所に固定させ、我が身の外で涸《ひか》びさせる。

いろいろな「歓び」と「智慧」とは、文字のない頃は、直接に身のなかに染み透った。つまり、ほんとうに在る物との直接の交わりが、人々の知覚を満たしていた。在る物をいかに迎え、どう遇するかに心を砕くということがあった。そこに「歓びも智慧も」やって来た。文字を知った今、人は物の「影」しか見なくなった。「影」とは、物に関する符号ということだろう。物と直接に交わらず、符号のやりとりばかりで過ぎてゆく時間は、何と味気なく、虚ろであることか。たといそのやりとりが、どんなに人々を熱中させたとしても、である。

「或る書物狂の老人」は、古代バビロニアの叙事詩のなかで、少女が王を慰めた言葉を暗唱できる。が、息子を亡くした隣人に、どんな言葉をかけたらいいのかわからない。なぜなら、この老人には、人間なら持つはずの然るべき悲しみというものが、もはやないから。子を亡くした隣人の悲しみを知るものは、そのことを共に悲しむことのできる自分の心しかなかろう。誰に向かっても同じように暗唱されたりはしない、ほんとうの慰めの言葉は、そこからこそ出て来るものだ。その悲しみが、文字に心を奪い尽くされたこの老人にはない。彼は、ひとりの奇怪な愚か者だと言っていい。

†文字から拡がる病

文字から拡がる病は、すでに誰もそれに気づかないほど普通のことになり、人心の奥深くにまで根をおろしてしまった。印刷技術がどんどん進み、さらには電子文字が恐るべき勢いで普及し、スマートフォンだのタブレットだのと意味のわからぬ名前で呼ばれている文字機械が、私たちから人生の膨大な時間を奪い続けている。近頃は、電車に乗って向かいの座席を見れば、十人中九人までは「スマホ」に打ち興じて、他のものが一切眼に入らない様子である。残りのひとりは何をしているかというと、「スマホ」に疲れたのだろう、それを固く握りしめて居眠りだ。この事情は、老若男女を問わない。

私が住む家の近くには、清流が森の奥に向かって流れて行くのを、テラスから見下ろせる気持ちのいいカフェがある。そのテラスに腰かけて目を閉じていると、瀬音に交じって無数の鳥の声が聞こえる。眼を開くと、離れたテーブルに中年の女性客がひとり、一心不乱に「スマホ」である。それ以外には、何も見ず、何も聴かない。現に在る物を見ず、物についての符号を憑かれたように追い続けている。見ていると、決して楽しい様子ではない。なぜだか少し不機嫌で、時々放心した薄ら笑いを見せ、すぐまた義務に急《せ》かされているかのように手を動かすが、その実、退屈している。ああ、詰まらない、詰まらないと、はっきり顔に書いてある。こういう病気にだけは、なりたくないものだと、私などは思う。人類が抱える「文字禍」は、たとえば、こうしたところにまで及んでいるのかと。

「スマホ」の電子文字が、人間に物を見させないと言ったって、対象はもちろん自然物ばかりではない、人間をも見させない。この症状は一層恐ろしい。若い恋人同士と思えるふたりが、レストランで向き合って、ひと言も話をせず、ふたりとも、どこかにいる複数の誰かと通信し続けている様子だ。出された料理には、時々思い出したようにほんの少し手を出す。が、すぐにその手は、小さな機器のほうへ。当の通信相手の誰かと会っている時もまた、同じようにほかの誰かと通信し合うのだろう。そうとしか思えない光景だ。

こうした光景は、すでにお馴染みのものだが、お馴染みだからといって、笑って済ませられない怖さ、危なさを感じる。「スマホ」での通信やらゲームやらが、どんなに愉悦に満ちたものか、私はほとんど知らないが、それにしても、掌のなかの電子機器にのめり込んでいる人たちの、目前の一切に無関心であるようなあの表情は、一体何を意味しているのだろう。「文字禍」が極まった私たち人間の、文明の惨状を見てしまう。

†文字禍から救われる〈文字の道〉が昔からあった

話は少し戻るが、あんなに辛辣な文字批判を紀元前四世紀に行なっていたプラトンは、現在も読まれ続けている哲学の本を実にたくさん書いた。直接に人と対して語り合う「問答法」に、魂を養う努力の本道がある、という彼の考えは、少しも動かされてはいない。にもかかわらず、彼が多数の「対話篇」を書いたのは、もちろん文字には文字の勝れた点があるからだろう。その利点は、記録というところにあるのだろうか。書かれた言葉は消えずに、いつまでも残り、誰のところにも持ち運ばれる。書くのは不本意だが、その利は捨てがたい、というのが、プラトンが物を書く意図だったのだろうか。

しかし、ただそう受け取るだけでは、私たちのような、はるか後世の読者にとっては、ずいぶんと情けない話になるのではないか。ソクラテスの生きた言葉は、古代の彼方に消えて久しい。それを記録した古語も、今ではほんのひと握りの人しか読めない。何とか読んだとしても、解釈や憶測ですぐ頭がいっぱいになり、専門家の間でも議論百出というわけである。話された言葉の記録としては、とても扱えたものではない。

しかし、プラトンの読者は、今日も到るところにいる。私心を交えない彼の愛読者は、どんな翻訳であろうと我慢して、また研究者の間でどんな議論があろうとお構いなしに、今も繰り返しその全集を読んでいるだろう。つまり、書かれたものには、愛読という行為が成り立つのだ。あるいは、書くという行為は、見知らぬ人の愛読を願って、高まるということが起こり得る。生きた対話者を持たないプラトンの「対話篇」は、愛読を待っている、今も待ち続けていると言っていいだろう。彼がものを書く時の、あの優れた技術は、この願いによって、祈りによって磨かれたのだと思う。その点で、プラトンはソクラテスとは違ったのである。その違いが、どれだけ豊かな精神の遺産を人類に与えたか。

そういうわけで、私たちが恐るべき「文字禍」から救われる道は、愛読という行為にある。私心を交えない一途な愛読に。人をへこませるために、あるいは、自分を偉い者だと世間で偽るために、本を読んでいる愛読者はいない。愛読という行為の前では、そういった世間はほとんど消えると言ってもいいのだ。

文字には、発生した時からふたつの方向があった。そのうちのひとつは、話される言葉を、それを話す人から切り離し、情報として固定する方向である。この場合には、話される言葉は、遺されたというよりは死物として固定されたのである。言葉は、死物となったおかげで、見当違いの信用と権威と、そしてあの〈客観性〉とやらを掠め取り、人の心や思考を惑わす何かしら威圧的な知識の制度となった。この制度が私たちにもたらす迷いと病とは、外見よりもはるかに根深く、またどこまでも浸食を進めていく性質のものだ。ソクラテスが、プラトンが、この事実に明確に気付くことができたのは、「文字禍」の浸食がまだ初期段階にあったためかもしれない。

しかし、文字には、もうひとつの方向が始めからある。それは、文字を、話される言葉の運動そのものに送り返し、さらにその奥の運動へまでも送り返す行為を可能にさせる方向である。話される言葉よりも、さらに奥にある運動とは何か。それは、言葉が、音声にも文字にも縛られず、それ自身の律動と響きと意味作用とをもって持続する運動のことである。文字の特異な並びは、つまり、優れた文章と呼ばれるものは、私たちを黙ってこの運動の内側に引き入れる。文章を書く工夫は、偏《ひとえ》にこのような運動を創り出すことにあり、読む工夫は、運動としての意味の深部に一挙に身を躍り込ませることにある。

†作家の技

「物を書く技」は、「音楽家の技」と同じようなものだと、哲学者アンリ・ベルクソン（一八五九～一九四一）は言っている。付け加えて、書かれた文章という「音楽」は、ただ耳にだけ向けられているのではないとも。

「外国人の耳は、どんなに音楽に慣れていようとも、私たちが音楽的だと感じるフランス語の散文と、そうでない散文との違いがわからないだろう。フランス語で完全に書かれたものと、ある程度にしかそうでないものとの違いがわからないだろう。音の物質的調和とはまったく別のものが、ここにはあることの明確な証明である。実際、作家の技は、何より、彼がいろいろな単語を採用しているとは思わせないところにある。彼が追求する調和とは、彼の精神の行き来と、彼が語る言葉の行き来との照応である。その照応が、いたって完璧なものだから、文によって運ばれる彼の思考の波が、私たちのそれと交流し合ってしまう。その結果、個々に選ばれた語のひとつひとつというようなものは、なくなっている。もはや、そこには、複数の語を貫いて運動する意味しかない。直接に、媒介なしに、互いのユニゾンで振動し合うかのような、ふたつの精神しか、もはやないのである」。（「心と体」、『精神のエネルギー』所収）

文や文章が、個々に選ばれた語の集まりだ、という考えは、文字があるために起こってくる錯覚だと、ソシュールは言っていた。確かに、私たちは、ただ声で話しているだけの時は、単語の区分などを意識したりしない。そんなものはないから、意識しないのである。するとベルクソンが語っている「作家の技」とは、文字があるために起こってくる錯覚から、私たちの心を深く解放する技だ、ということにもなるではないか。文字によって文字の錯覚を打ち砕き、しかも、話し言葉の進行とはまったく別の、意味の運動を創り出す。そういう技があり、それを駆使できる詩人や小説家がいる。しかし、これは何も詩や小説に限った話ではあるまい。読み手と書き手との「ふたつの精神」が、「互いのユニゾンで振動し合う」ところには、必ず働いている技だ。

ところで、話される言葉を聞くときには、聞く人は、話す人と同じだけの時間を一緒に過ごさなくてはならない。三分かかる話は、三分の間、聞かなくてはならない。つまり、その間、ふたりは一緒に生きざるを得ないのである。自分の人生の時間は、多かれ少なかれ限られているから、聞く話の量には否応なくはっきりとした限度がある。この限度は、聞く人の寿命という形で、かなりあっさりとやってくるだろう。

本の場合には、この辺の事情が大変曖昧になる。本が書かれる時間と、それを読む時間とは、同じではない。読む時間は、書かれる時間よりもずいぶんと短いのが普通だが、この短縮の度合に制限はない。ないが故に、決して読めない分量をもう読んだと言い張り、言っているうちに、自分でもすっかりその気になってくる。

買った本は、いつでも自分の体の能力とは無関係に、机の上だか、本棚だかにあって、そこに置かれ続けているだけで、自分の精神の所有に帰したかのように思えてくる。限度のない精神の能力に服したかのように、である。しかし、限度のない精神などというものはない。限度のない肉体がないのと同じように、ないだろう。

肉体が何かを行なう時、それを行なうのに要する時間は、その行為の内容そのものと切り離せない。ある人がする丁寧な草むしりには、丁寧であればあるだけ、それに見合う時間が必ずかかる。精神の行為だって、ほんとうはこれとまったく同じである。ある人に何かがわかるには、それがわかるに見合うだけの時間が、その人にはかかる。その行為を全うし、それに熟するだけの時間がかかる、と言ってもいい。

読む、という精神の行為が、この掟から自由でいられることは決してない。これほど簡単な、疑いようのない事実を、本という、このまやかしに満ちた道具は、私たちの眼から見えなくさせる。私たちの精神から、すっかり時間を脱落させてしまい、人をタガの外れた操り人形に仕立ててあげる。「文字禍」とは、これである。

そうすると、ベルクソンが言う「作家の技」は、読む人に、読む時間を真に取り戻させる技だと言い換えても構わないことになるだろう。優れた文章は、読む時間を、そのまま生きる時間にする。書き手と読み手とが、「互いのユニゾンで振動し合う」、まさにその時間とするのである。この経験は、精神の至上の喜びで溢れている。インテリとか学者とかと呼ばれる人たちが、かえってこうした喜びを知らない。嘘で固めた読書が、どれだけその人を不自由に、滑稽にしているか。昔の諺にもちゃんとある。「論語読みの論語知らず」と。

†優れた本と詰まらぬ本

優れた「作家の技」に導かれた読書が、どうして喜びで溢れているかというと、そこを流れる時間には、刻々に創られていく意味の運動があるからだ。創っているのは、書き手というよりは、本を読む人自身である。読み手のなかにどんな時間が、意味が創り出されるか、書き手は知らない。知らないのでなくてはならない。書かれる言葉は、産むべき意味の永遠の運動を目指して選ばれ、配列されるのである。

優れた書物は、優れた読書のなかで繰り返し、何度でも産み出されて蘇り、その命を永遠に新しくしようとしている。創造されるこの繰り返しは、一度きりの対話では決して起こり得ないことなのだ。プラトンの本は、そんなふうに書かれている。ベルクソンの本もまた、然りである。大事なのは、ここにある類似であって、ふたりが属する哲学史上の対立し合う立場などは、まったくどうでもいいことだ。

詰まらぬ本が、詰まらぬ本なのは、そこには新たに産まれてくる意味の運動がないからである。そこでは、書き手がはっきりと、あるいは漫然と知っている内容だか情報だかが並んでいるばかりで、それを書く文字は、荷物でも運び込まれるように、読者のほうに届く。書き手もまた、そんな具合にして、どこかに書かれていた知識を仕入れたのだろう。それは、言ってみれば死物と化した知識だから、読者に届いても死物のまま、ただ古くなって腐臭を濃くするだけである。

もっとも、優れた本だって、死物として読まれてしまうことは大いにある。あり過ぎると言っていいほどある。自惚れた研究者の手にかかったりすると、ちょっとした災難で、書かれてあることは死体のように解剖され、腑分けされ、フォルマリン漬けにされて、歴史の棚に並べられる。そういう物品が古典だと学校で教えられた子供たちは、たいていは試験が済むと、あとは生涯そうした古典に手を出さなくなる。

実に当たり前のことだ。「スマホ」でゲームをするほうが、確かにまだずっと楽しい。ほんとうは、そのゲームに心の底から、ほとんど絶望に近いほど退屈していても、である。それだからこそ言わなくてはならない、学校は、愛読から見放された人間を製造する工場であっては決してならないのだと。愛読から見放されることは、人間が——ほかのどの動物でもない私たち人間が、ひとつの大きな生き甲斐を失ってしまうことである。

第二章

文字という〈道具〉を考える

ショーペンハウエル

†〈道具〉が出現したこと

文字は、人間が発明した〈道具〉のひとつである。この〈道具〉というものの性質を、少し考えてみると、文字の問題をもっと深くから見ることができる。

道具を発明し、使用する動物は人間だけである。人間と他の動物とを分ける一線を、道具の発明、使用に見るのは、穿《うが》った考え方だろう。人間が道具を発明するに至った原因を、直立歩行に置く考え方も、なるほどと思える。人間が二本の足で歩くようになって得たもの、腹を曝して歩く大きな危険の代償として得たものは、まずは手の自由である。

この自由は、初めのうちは、まだ大したことをもたらさなかっただろう。せいぜい、ちょっと高い所にある木の実を取るとか、果物の皮をむくとか、仲間の蚤を取ってやるとか、今でも猿がやってみせているようなことだっただろう。私は動物学者でも、人類学者でもないけれど、そう想像することはできる。猿の手は、半分ほどはまだ足である。人類の手、完全に足の働きから離脱したその手が、いろいろな道具を作り出して、使い始めた時、とてつもなく大きな飛躍が起こったに違いない。道具は、文明の始まりであり、文明のすべてがそこに胚胎しているからだ。

では、道具がどんなふうに発展してきたか、想い巡らしてみよう。たとえば、落ちている枯れ木を拾って棍棒にする、それで他の動物の頭をしたたかに殴る、というのは、紛れもない道具の使用だろう。ここには、武器を使った狩猟の始まりがある。しかし、棍棒ではあんまり威力がない。大きな獣の牙には負けるだろう。もっと殺傷力のある道具を、と考えれば、そういうものを手で造ってみるしかない。それを造るのにも、また道具が要る。石器の登場には、石器を造る道具の発明が必要だった。ひとつの道具の発明が、別の道具を造り出し、こうやって次々に発明は積み重ねられていった。すべて、手が行なったことである。

動物、とりわけ脊椎動物にとっては、食物を求めて得ることと外敵と闘って勝つこととは、辛い必要事に違いない。ふたつのことは、動物が生き延びる上でしなくてはならない仕事のほとんどすべてを占めている。歩行から解放された人間の〈手〉は、まずは、このことのために集中して使われただろう。つまり、道具を発明する工夫は、そこに集中したのである。採取、狩猟、牧畜、農耕へと拡がっていく人類の生活は、飛躍的な変化があるたびに、文明を画するような新しい道具の製作を成し遂げている。

石器時代とか鉄器時代とかいう、道具による人類史の区分は、さまざまな戦争や政治事件による歴史の叙述などより、はるかにしっかりとした基盤を持ったものだ。考古学の発掘が、歴史文献の渉猟より信用が置ける、という理由によってではない。人類による道具の発明、使用は、人間という特殊極まる知性動物の生存の形を、根本から決めてきた、という理由によってである。

この事情は、現在に至っても、まだ少しも変わってはいない。今、世界中が、科学技術の開発に狂奔するさまを見ればわかる。この開発競争の前では、土地に根を張る伝承も文化も曖昧になり、要するに、どうでもいいものとされてしまった。開発に勝つか負けるか、それだけが共同体の死命を制する重要な問題になった。西洋近代に機械産業が出現して以降、道具を用いる人間種のこうした趨勢は、私たちを蔽《おお》う後戻りのできない運命である。

†生存競争に勝つための道具と自然の働きのなかに入り込むための道具

しかし、道具を用いる人間の技術には、近代の機械産業に発達したものとは、まったく別の方向もあった。特定の土地に根を張る伝承とか文化とかは、道具に関するこの技術を基盤にしていたのだと言える。近代になり、それまでの手工業が、産業革命による機械工業に取って替わられた。これは、目につきやすい歴史上の事実だが、手工業が含んでいた技術は、道具に係わる人間の業《わざ》として、あるいは生存の形として、現在でもまだ活《い》きている。人類が必要とするから、活きているのだろう。

人間の手が造り出した道具には、始めからふたつの方向が含まれていたように思う。ひとつの方向は、生存のための競争に闘って勝つために、道具の発明に向かった。が、もうひとつの方向は、競争には向かっていない。何かを踏みにじり、奪い、支配することを目的にはしていない。ここでは、道具は、知性動物たる人間の身体が、自然の働きのなかにより深く、より自由に入り込むために在る。

本能だけで生きている昆虫の身体、特に蟻や蜜蜂の体は、そのすべてが大変精度のいい道具で、申し分ない。が、その用途はごく狭い範囲に限られている。蟻がその脚でできることは、歩く以外には、土を掘りに掘って巣を精確に作ることくらいだろう。ほかに、大したことはできない。人間も体だけを使っていたのでは、ろくなことはできまい。知性が発達している分だけ、体の働き方は、本能動物よりむしろ不安定にできている。知性は、道具を造り出し、それを達者に使ってこそ大きな力を持つ。

道具の発明、使用によって人間が達成したところは、想えば驚くべきものだ。人類のすべての文明は、人類自身が工夫した道具によって支えられている。その道具が含んでいたふたつの方向は、始めのうちは混然と溶け合っていて、区別のつかないものだった。区別が誰の眼にもあからさまに、後戻りのできないほど明確なものになったのは、近代である。そういう時代が、近代と呼ばれるのだと言ってもいい。

†近代の機械産業

近代の機械産業が産んだ道具の特徴は、それを使うのに熟練や努力を要しないことだ。単なる慣れがあればよく、慣れはそれ以上どこにも進みようがない。恐ろしく単調であり、放っておけばすぐに飽きが来る。これによって、人が物の性質を学び、その奥に入り込んで、身体の新しい技を拓く、というようなことは、まずない。

したがって、近代の機械産業による道具が、熟練や努力を要しないことは、利点であると同時に馬鹿馬鹿しい欠点でもある。誰かが工業機械を発明すると、それを使う人間は、その機械に使われて生きるしかない。つまり、道具の仕組みについては、なんにも知らない馬鹿となって働くしか手がないのである。

電気釜の原理や構造を知っていて飯を炊いてきた人は、ほとんどいないだろう。斧で薪を割るところから飯を炊く仕事をしていた人は、斧はどう使えば薪をきれいに割れるかを知っていたし、薪の火はどう点ければよく燃え、その火加減をどうすれば旨い飯が炊けるかを知っていた。知り方には、人による深浅があり、深い人は尊敬も受けた。電気釜となれば、ただ取扱説明書に書いてある通りに機械を設定し、スイッチを押すだけで、これでは、物の性質について何も学ぶところがない。

聞くところでは、電気釜にも旨い飯の炊き方はあるらしいが、しかし、そういう余地が残されているのは、電気釜の開発者にとっては不名誉なことだろう。いずれ何の工夫もなく、すべての人が旨い飯を完全に炊ける時が来るだろう。製造会社はその時を目指して競争を続けるだろう。やがてその時が来れば、飯を炊く私たちは、今よりさらに無能に、馬鹿になるわけだ。これが文明の進歩だとは、とんだことではないか。

電気釜と共に掃除機や洗濯機が、世を蔽う勢いで普及してきた頃、私の母親などは、ずいぶん家事が楽になったと喜色満面であった。こういう電気製品の発明が、女性を家事の負担から解放し、自由にしたのだ、というようなことを力強く語ったりしているテレビドラマを、つい先だって見たことがある。それは、そうかも知れぬ。しかし、だからと言って、電気洗濯機の発明者を解放の英雄のように持ち上げるのは、どういうものだろう。私は、御免である。こうした文明の問題は、もう少し複雑であり、人類にとって実は深刻なのではないか。

†道具のもたらす矛盾

身体の外に道具を造り出し、それを使って生きることは、身体の能力を大きく拡大させる。果てもなく大きくさせてきたのが人類の歴史である。それによって、人間は他のすべての動物種との争いに勝ち、支配者の立場に立てるようになった。それによって、食べ物の確保や住居の安全は、おおかた保証された。文明とは、こうした道具が生み続けてきた、自然界と身体との人間独自の関係を指すと言ってもいい。

したがって、道具は、人間がその身体能力を高めるため、他の動物との争いに勝つためだけに現われてきたのではないだろう。身体が自然界の一部分としてそのなかで働く、その働き方の性質を、道具の出現は、根本から変えた。人間の身体は、道具の使用によって、言うなれば自然界のメカニズムを少しだけはずれ、それとの間に隔たりを創り、その隔たりによって、自然とは何かを〈知る〉道を拓いた。知ってどうなったかは、言うまでもない。自然界のメカニズムは、人間の計算に応じて、エネルギーの方向を、その発現や保存のメカニズムを変えてくれるようになった。

しかし、それだけではあるまい。自然とは何かを〈知る〉ようになった人類は、道具を提げ、道具の働きとひとつになって、自然の奥深くに入り込み、底知れないその在りように驚嘆し、感謝し、畏敬の念をも抱くようになった。これは、宗教の始まりだろう。宗教の発生は、道具の発明と共にあったとさえ言える。

これとは反対に、ただ得をしよう、楽をしよう、他を支配しようとして伸びていく道具の方向は、自然への、あるいは物が在ることへの信仰心を殺してしまう。道具が産んだ信仰心を、その道具のもう一方の性格が、殺してしまうのである。道具の持っている避けられない宿命が、ここにある。道具の使用には、矛盾し合うふたつの方向がある。始めのうちは混沌としてひとつであったこれらの方向は、人類の歴史を通じて次第にはっきりと分岐し、ついに近代に到った。ここで引き起こされた分裂は、後戻りのできない文明の矛盾を抱えていると言える。

†社会がロボット化する

近代の機械産業が一途に追求した道具の方向は、人間の手の働きを、技能を、どこまでも離れていこうとする。ほとんど無人の工場で、ロボット化した機械だけが作動し、同じものが大量に、安価に製造され、これまた無人のシステムで際限なく売られ、流通していくことが、ここでは最も望ましいとされる。その先のことは考えない。経営者が考えないだけでなく、人類全体が、その先を見ることに眼を塞いでいる。だが、その先の大変化は、すぐそこまで来ているように思われる。

それにしても、ロボット化した機械が、何もかもをする時代になるとしたら、そんな機械の開発とは無縁の大多数の人間は、一体何をすることになるのだろう。仕事がなくなれば、当然ながら賃金収入もなくなり、社会での消費は枯渇し、地球の資源だけは間違いなく減っていく。笑い事ではない。何か新しい道具を夢中で発明する人と、それが人類に何を負わせるかを考える人とは、プラトンが言うように、確かに別のようである。

不思議だったのは、大学の授業で社会がロボット化していく話題になると、学生たちが急に元気そうになることだ。将棋名人がロボットに負けるくらいは序の口で、そのうち論文も小説もロボットのほうがしっかり書くようになるだろう、何かにそう書いてあったと、嬉々とした口調で言う。もっとも、その時まで論文や小説が求められていればの話だが、という但し書きもついて、教室はニヤニヤ笑いの渦になる。私は、一向に面白くない。

もちろん、彼らは、ＩＴ社会とやら一般に蔓延する気分を、代弁してそう言っているのだろう。私は、放っておけない気がして、いろいろに説いて聞かせる。君たちには、人間の思考の性質と、計算機械の性質との両方について実に大きな誤解、混同、無知があると。しかし、なかなかソクラテスのようにはいかない。学生たちもパイドロスのようには、喰い下がってくれない。そんなややこしい話は、この際どうでもいい、といった風情である。その気持ちも、わからないではないから、一層窮する。

社会がロボット化するという話題を、学生たちが喜ぶのは、近い未来のそういう社会には、科学の進歩のおかげで何かとてつもなく楽な、学ばず、働かず、遊んでばかりいられる暮らしがやって来るのではないか、という漠とした予感が、あるいは期待があるからだろう。実際、人類全体のそうした期待を背負って、近代以降の応用科学と機械産業とは発展を続けてきた。汽車、自動車、飛行機、電気機器、そしてコンピューター製品、みな大変ありがたい文明の産物だというわけである。これのどこに、文句があろう。

しかし、近代科学が一挙にもたらした途方もない道具の発明、発達は、ただ人間が楽をすることだけを目的にしていたのではない。そんな目的は、人を欺く見かけだったかも知れぬ。ほんとうの目的は、もっと残酷なところ——他を出し抜き、いろいろなものの争奪戦すべてに勝ち、特定の共同体が人類への支配権を握る、というところにあったのではないか。近代産業が効率や速度や物量を追求してきたのは、そのためだろう。また、そうした目的に向かって突き進まなければ、近代の機械産業は、みずからの経営を維持できない、というようなシステムを内側に含んでいた。これは、少しもありがたい話ではない。

†道具が含むふたつの方向は、なぜ分岐し続けたか

すでに述べたように、人類がその〈手〉によって産んだ道具には、もうひとつの方向があり、その方向は、近代の機械産業に直接発展していかなかった。だが、それは今もはっきりとあり、私たちの生命を、その喜びを、現に支えているのではないか。近代文明がすっかり世を蔽う前の手工業では、道具が持つふたつの方向は、まだ完全には分岐していない。分岐の兆しを至るところに見せながら、ふたつは常に補い合っている。職人の手仕事は、機械に助けられ、機械の多くは職人の手が造り出し、動かしていた。

近代は、工業機械の作動が、できるだけ職人の手業《てわざ》から離れて行こうとした時代である。手による熟練を嫌う近代科学の知性は、人間から真の熟練を滅ぼしたあと、何がやって来るかについて、考える智慧も洞察力も持っていない。過去のすべてを破棄して進むことが、科学の習性なら、人間が生きる智慧をここに求めることは、愚かなことだろう。手を働か

す業への真の熟練は、智慧が育たなくては成就しない。大工でも、機械工でも、料理人でも、優れた職人を見れば、それは明らかにわかることである。彼らは、仕事が好きで好きでたまらず、我が身をもって際限なく努力する。仕事を忘れるための趣味などは、持つ必要がない。やたらに趣味を持ちたがる人は、仕事が単なる労苦であるか、暇を持て余して困っている気の毒な人かもしれない。

近代の機械産業が、手による熟練をどんなに排除し、無効にしようとしても、おそらく人類から優れた職人がすっかり消えてしまうことはないだろう。なぜなら、人類が使う道具には、その発生からふたつの方向があって、道具というものが在る限り、そのふたつの方向は、分岐しながら、活き続けていくからだ。

思えば、道具が含むこの二重性は、人類の生そのものが持っている二重性に根差しているだろう。私たちの身体は、一方では、ひとつの行動の中心として、外の事物に自由に働きかけ、それをうまく利用し、できれば完全に支配しようとし、楽をして最大限の得をしようとしている。道具は、そのために用いられる。

しかし、他方では、私たちの身体は、行動の中心であるだけではない、自然の内側を、自然と共に流れ、そこで無数のことを感じさせられる。こうした感覚は、あくまで強いられたものであって、人間の勝手にはならない。私たちの行動は、どんな時でも、この流れのなかで生まれ続ける感覚とは無関係でいられない。道具は、この感覚を研ぎ、在る物の奥深くに入り込み、そこで、身体と自然とがひとつになって流れる新しい独特の通路を産み出す。常人の想像をはるかに超えた職人の業は、道具が含むこの方向でこそ磨かれるのだろう。

ここで偉いのは、職人その人でもなければ、道具の機能でもないように思われる。やはり、自由を得た人の手と道具との間で、そこでだけ働く何ものかの力である。この何ものかを、神さまだと感じている職人は多いのではないか。語らせれば、彼らは必ずそうした種類のことを言葉少なに言う。この信仰は、仕事への一途な献身のなかに秘められているのだ。宗教の真髄は、まさにこのように黙した、勤勉な仕事にあるのかも知れぬ。

実際、彼らは神さまの力でも信じなければ為し得ないような仕事を持っている。そのために生きて、他のことは望まない。彼らが身に知る喜びには、それぞれに余人の窺えない深さがある。私は、今もそういう職人さんたちがたくさんいることを、実例をもって知っている。だが、職人の世界だけでもないだろう。人の手が道具と共に懸命に働くところには、必ず同じ性質の努力と生き甲斐と信仰とが在る。もちろん、農夫がそうだ、漁師もそうである。

†「道理」を知れ

道具が持つこうしたふたつの方向は、近代以降いよいよはっきりと分岐して、もはやロボット技術は、一方が他方を完全に無用とするまで発展するかに見える。しかし、そうはいくまいと、私は思う。近代の機械産業が、とどまることなく発展するとしても、そこには人為の計算、人の手を離れた加工物の組み合わせしかない。手が道具と呼応して、自然の奥深くに何かを産み出す領域では、神の力が働いている。そうやって産み出されてくる物の有難みを、私たちは現に知ることができる。知って、そうした作物の良さから離れられなくなる人は、今も現われ続けている。

私がよく知る大工の棟梁、高橋俊和さんから聴いた話だと、近ごろは、太い梁や柱の木組みだけで、つまり「伝統工法」で家を建てたがる人が、かなり増えてきたそうだ。壁面は、内も外も漆喰や土壁で仕上げる。構造を支える木材は、釘やボルトで固定しない、生きて呼吸する本物の杉や檜が巧みに組み合わさって支え合う。そうした家の立ち方が、地震の衝撃をいかに巧みに逃がして倒れないかは、次第に工学実験で証明されてきている。

地面にがっちり固定されている建物より、揺れを吸収して柔軟に動き、元に戻る家（いわゆる「石場立て」の基礎を持った家）のほうが、地震には強い。日本の古い民家は、そんな造りになっていて、その柔軟な強さは、西洋工学の計算で建てられたビルディングに勝る。もちろん、これは西洋工学にとって説明の難しい、困った事実である。だが、千数百年前に建った木造建築、法隆寺のしっかりとした姿を観れば、そうだったかと深く感じ入る。

耐久性ばかりではない。純粋な伝統工法で建った家は、そのすべてが呼吸し、命を保ち、年齢に応じて再生し続けていると言ってもいい。そのような家の空気は、使われている木の生命と共に変化し、新しくなり続けるから、清浄であり、季節ごとの匂いをはっきり持っている。そこに棲む人の生命は、家屋全体が自然から取り入れる大きなリズムによって整えられる。暮らしが伝えるその感触を、改めて知る人が増えているという。

したがって、伝統工法専門の大工になりたがる若者もまた、近頃はびっくりするほど増えているそうだ。家の何たるかがわかる客は極度に少なく、稼ぎは低くても、それでいい、と言う若者が。働くことに生き甲斐を求めない者は、まずいまい。規格サイズの化学製品を組み立てるだけで、あっという間にできる箱のような家を建てて、真からそれが生き甲斐になる人は、少なかろう。そういう仕事は、手の熟練をすべて省き、無視しているから、近い将来にはロボットが引き受けることになるだろう。

ロボットという発想は、人間の手を不要にする道具の究極にある。不要になれば、人間は楽をすることができるが、そういう楽が、私たちにどんな影響を与えるか。私たちをどこまで鈍感にし、生き甲斐を見失って苦しむ不幸な、恐ろしい動物にするか。そのことを考えられる智慧を持つ者と、ロボットの開発者とは、プラトンが言うように確かに別人だろう。

だが、考えてみればいい、ちょいと貧乏しても伝統工法の大工になりたいという若者は、その考えを、意欲を、誰かから、たぶん親方から受け継いだのである。私の知る高橋棟梁は、自分の親方から、若い頃にいつも聞かされていたそうだ。木組みというもので家が建つ、その「道理」を知れと。「道理」とは、読んで字のごとく道《みち》の理《ことわり》である。道の理は、人知をはるかに超えた、生きた自然のおのずからな働きのなかにいつもある。その働きが発する、黙した天地の声を聴き取れと、親方は繰り返し弟子に教えた。これが、最も大切な人間の智慧でなくて何だろう。

†文字という道具、その二方向

さて、ここらで話を元に戻そうか。文字は、特定の人間たちが、さまざまな時に、さまざまな場所で発明した一種の道具である。一種の道具である限り、これにもまたふたつの方向が含まれていた。プラトンの『パイドロス』では、文字には良い点と悪い点とがあるとされていた。良い点は、誰にもわかる。聞いたことを保存できる、したがって忘れないでいられる、という便利さである。が、まさにそのことの裏に、文字の弱点は張り付いている。

言葉は、語られる行為を離れ、聞かれる行為をも離れて、誰の振る舞いとも知れない符牒になって、固定される。動きを失った符牒なのだから、相手が誰であろうとお構いなしに、いつも同じ顔を曝している。そんなところに、人の魂に植え付けられる智慧のありようはずはない。智慧がないだけではなく、死物と化した偽の「知識」をしこたま積み込んでいる。それを仕入れて賢い気でいる人間もまた、数知れず産み出す。魂を失い、働きのある智慧を持たず、危険な自負ばかりを抱え込んだ、付き合いきれない手合いを、放っておけば未来永劫にわたって産むだろう。

文字が持つ悪い点は、良い点よりもはるかに規模が大きい。しかも、この悪い点は、良い点の裏に張り付いて人の眼に付きにくく、知らず知らずのうちに奥深くから人心を侵す。ほんとうの智慧を根のほうから腐らせる。中島敦の小説「文字禍」が、巧みな隠喩をもって、似非《えせ》学者たちへの哄笑《こうしょう》を響かせながら語っていたのは、そのことだった。

しかし、文字という道具を、その良い点と、悪い点とで見るだけでは、まだ充分ではないだろう。道具は、それぞれ、人間側の必要があってこそ発明される。その必要の性質に、そもそもふたつの方向がある。そう見たほうがよい。ここでも、ふたつの方向は、私たちの身体が生きていくことに、いつもつきまとうあの二重性と深く関わっているだろう。すなわち、行動の中心として〈働く〉ことと、自然のなかに、あるいは宇宙のなかに感覚を負って〈在る〉こと、この二重性である。〈働く〉ことと〈在る〉ことは、むろん決して切り離せないが、同じではない。消えることのない性質の差異を持っている。

文字が、話される言葉の視覚上の符牒になること、そうやって言葉を記録し、いつまでも保存でき、会うことなしに他人と話ができることは、私たちの言語行動にとって有用だし、便利である。世界中の文字の発明者は、たぶん、もっぱらその点を考えたことだろう。文字は、印刷術の発達と共に衰えを知らない普及を果たした。学校での教育と言えば、文字が運ぶ知識の積み重ねを、そのまま意味するようになった。ソクラテスが『パイドロス』で否定しているこうした知識は、知識と言うよりも情報だろう。文字は、学びの努力を、情報に関する技術上の処理に置き換えた。

文字を電子化して、膨大に保存し、それを一瞬で、どこにでも広範囲に送信できるようにしたIT技術は、文字の文明を本質から変えたわけでもない。紙の本を、電子書籍に変えたぐらいのことは、まだ何でもない。それどころか、文字がもたらした利得と災厄とは、私たち人類をいよいよ骨の髄まで浸してしまったのかもしれない。矛盾した話だが、文字への不信を深く語る『パイドロス』という古典は、今こそ読み返される本だということになるのか。

しかし、文字が道具であるなら、これにも別の、もうひとつの方向があるわけだ。この方向は、有用に〈働く〉ことを目指していない。人間の生命が、自然のなか、宇宙のなかに〈在る〉こととしっかり結びついていて、そのことを私たちに悟らせる。悟るための智慧を与え、それによって喜びや生き甲斐を与える。それが何の役に立つのか、と言う人がいるだろう。だが、喜びや生き甲斐を根本から与えないものに、詰まるところ何の有用さがあるだろう、そう問い返すこともできるわけだ。

†暮らしに有用な言葉、魂に植え付けられて育つ言葉

私も、若い頃は手書きで原稿を書いていたが、パソコンを常用するようになって、ずいぶんと書くことが楽になった。楽になったおかげで、書く量も増え、本にする速度も上がり、という次第で、いいことずくめのようだが、さてどうだろうか。漢字を忘れて、容易に手で書けなくなったというような馬鹿な個人の事情は、どうでもよかろう。原稿を書いて本にする速度が上がった、出版点数が大いに増えたという事実は、私心のない本好きにとっては実に詰まらぬことで、むしろ迷惑なのではないか。文字という道具のIT化が開き、推し進めたのは、この道具が有用に〈働く〉方向ばかりだろう。そのことは、無私な愛読という行為を、いよいよ人類に忘れさせたとも言える。

桁外れに、途方もなく売れる本が、突如として出てくる。これは、活版印刷が普及した近代以降の現象だろうが、宣伝用の文字情報がIT化した今は、さらに極端になっているように思う。では、そのような本は、愛読されているか、買った人の心を生涯支えうるものがそこにあるか、というと、むろん、まことに疑わしい。その種の本は、ごく短期間、出版社の経営状態をよくし、多くの人に片時の興奮と暇つぶしの種を与え、たちまち忘れ

られていく。その他の本はどうなっているかと言うと、これは単に売れないのである。途方もなく売れる本が、誰かにとって有用に〈働く〉ことは確かだとしても、そんな有用性はすぐに使い果たされる。だから、急いでまた次の本を出す、という次第だが、こうした社会の奔流のなかで、文字という道具の価値は下落を続けるばかりである。文字の価値が止めどなく下落していく時、それと並行して、話される言葉の価値もまた止めどなく下落していく。

書かれる言葉は、話される言葉の単なる符牒ではない。ふたつの言葉は、潜在する共通の源泉から出て、それぞれの道を辿る。『パイドロス』をよく読めば、プラトンもまたそう考えていたことがわかる。人の魂に内在し、その魂を土壌として育ち、「正しきもの、美しきもの、善きものについての教え」を稔《みの》らせる言葉がある。そういう言葉が外に現われ、他人に伝わるのは、書かれる時ではなく、話される時だという信念が、独自の問答法を創り出したソクラテスにはあり、プラトンは、自身の魂の奥深くでその信念を受け継いだのである。

したがって、書かれる言葉にふたつの方向があるように、話される言葉にも、魂の外に現われて他人に伝わる時には、ふたつの方向があると言える。そのうちのひとつは、暮らしに有用な道具として、束の間に生まれては消える。もうひとつの方向には、ソクラテスが問答法で用いた言葉などがあって、これは人の魂に植え付けられて育つ。「正しきもの、美しきもの、善きものについての教え」となる。この方向に在る話し言葉を、プラトンは、魂に潜在する言葉の「正嫡《せいちゃく》の子」、すなわちその最も直接の現われ、と考えていたようである。

†日々の愛読の効用

しかし、書かれる言葉が、話される言葉の単なる符牒でないとすると、魂の潜在的状態から直接に現われて、人の魂に植え付けられる文字言葉もまた、在ることになる。この文字言葉が「正嫡の子」でない理由は、ただひとつ、話される言葉の声の運動を、変化を、その時間を、文字言葉固有のやり方で模して現われる、という点にあるだろう。プラトンは、話される言葉だけが正しい言語であり、文字はその影、引き写しに過ぎない、と言っているわけではないだろう。話される言葉が産み出す時間、それが形成する運動に、魂が潜在させる永遠の力の最も直接な現われを見ているだけである。

書かれる言葉にも、この現われを引き受ける独特のやり方がある。文字言葉だけに可能な変化や律動を、声なきままに、純粋に創るやり方がある。その言葉は、朗読して声にできるが、朗読が現われさせることの可能なリズムは、すべて文章のなかにあり、読む人の心中で響いている。しかし、朗読のリズムは、読む人の心の奥で無限に響くリズムから引き出される、可能なもののひとつでしかないだろう。ふたつのリズムは、別々の在り方をしていて、決してぴたりとひとつになることはない。

有用な情報を広範囲に伝える、あるいは消費させることを目的にした文字言葉は、それが創り出す固有のリズムというものを、始めからまったく持っていない。持つ必要がない。この言葉は、行動を目指して〈働く〉ものだから、心の奥にリズムを響かせるなどは、余計なこと、顧慮する要の最もないところである。リズムは無駄な贅沢だからだろうか。そうではない。そのようなリズム、外界と直接に触れ合う魂の秩序ある律動は、行動の必要から自由となった深い感覚だけがつかまえるものだからだ。これをはっきりと感じさせること、思考の運動そのものとさせること、そうしたことを目的とする文字言葉の方向がある。

愛読という行為は、その方向のなかでこそ育ち、熟していく。これは特殊な才に恵まれた人間にだけ許された行為では決してない。文字が読めるなら、誰にも開かれた路であり、文字による教育の一番大切な目的は、この路の入口へと、子供たちをはっきり導くことではないのか。本による教育は、得をするため、誰かに勝つため、空威張りして鼻つまみ者になるためにあるのではない。人間として生きる意味とは何かを、時流に乗ぜられることのない喜びのなかで、喜びそのものとして知るためにある。

思えば、これ以上に有用なことがあるだろうか。これは、行動の有用性ではないが、あらゆる行動に、根底から絶えることのない熱を伝え、勇気や活気を供給し続けるものだ。文字という道具には、そうした方向が常にあり、日々の愛読という、文字言葉の最も深い使用法には、絶大な効用があることを、子供たちには教えなくてはならない。このことを蔑《ないがし》ろにして、何の教育があると言うのだろうか。

†なぜ、文字というやっかい極まる道具が生まれたか

ところで、私はさっき道具というものを、人類の〈手〉が生んだ特殊な物として語った。単なる物体でもなく、と言って身体でもない、特殊な物として。こういう意味でだけ言うのなら、文字を道具と考えることは、もちろん適切ではないだろう。文字は、手が扱う物ではなく、精神が扱う一種の記号である。記号だから、それを支える物質は、一応は何で

あってもいいことになる。粘土板に釘で書こうと、紙にインクを染み込ませようと、電子画面の配列でいこうと、書かれた文字は同じとみなされる。

しかし、手による道具に熟練があるように、こういう文字の精神による使用にも熟練がある。あり得ることを人類の精神の努力は、すでに存分に示してきているではないか。古典とは、そうした努力の消えることなき痕跡を言うのである。その意味で、文字が精神の道具であることは、紛れもない。

物質を土台にした道具には、手による熟練をすっかり離れて、機械の可能な限り独立した作動に赴く方向があった。文字言葉にも、その方向がある。精神による熟練の努力を離れ、文体も、魂の律動も失って、情報の際限ない拡大や交換や消費だけをもっぱらとする方向がある。文字の電子情報化は、この使用法が行き着いた先である。このこともまた、文字が一種の道具であることを示している。

だが、それにしても、人間社会には、なぜこのような道具が、やっかい極まる道具が生まれてきたのだろう。文字が人の間を飛び回り、その頭脳に入り込んで多数を煽り、動かし、侵食する力というものは、量でも速度でも、物質に頼る道具の比ではない。思えば、人類にとって最も危険で、扱いに慎重を要する道具は、文字かもしれない。

†人間の内に在る言語

　文字以前に、すでに話し言葉という道具があったではないか、そう言う人がいるだろう。言語そのものが、人間という動物を矛盾や窮地や悲惨に追い込む道具ではないかと。だが、それは違う。文字は道具の一種だと言えるが、人間の内に在る言語そのものは、道具などではなかろう。その存在は、道具と呼ばれる人類の製作物よりも、はるかに神秘に満ちている。ソシュールを、言語学者として、ついにすっかり沈黙させたものは、結局のところこの神秘なのだ。実際、彼は講義で、そんな言い方をしている。

　言語があるおかげで、私たちの思考は、はっきりしたものになり、意識の明瞭な対象にもできる。「けれども、ことば（le langage）は一種の鋳型であるなどという陳腐な誤りに陥ってはならない。それは、ことばを何か固定した堅固なものとみなすことだが、音的素材にしたってそれ自体では思考と同じくらい混沌としている。鋳型どころではない。音を便利に使った、そのような思考の物質化などはあり得ない。そこにあるのは、思考‐音が言語学の究極的単位としての諸区分を含んでいるという、どこか神秘なこの事実である」（一九〇八年十一月三十日の授業）。

神秘なものは、「思考」でも「音」でもない、それらの結合である。誰が企んでするのでもない、万人のなかで共通して起こる、この結合の出来事にこそ、言語学が乗り越え難くぶつかる神秘がある。ソシュールは、そう言っているわけだ。

文字を発明した人間はいる。しかし、一言語をまるごと自分が発明したと主張する人間は、まずいまい。むろん、エスペラントのような人工言語はあるが、そうした種類のものは、元から使われていた自然言語の再整理、再配列でできている。しかも、人工言語が、仮に生活の言葉として、不特定多数の人間に使われ出したとしたら、この言語の変転は、自然言語の運命と変わりない。誰かが定めた人為の約束事は、たちまち変化して、制御不可能になる。

このことは、何を意味しているか。「ことば（le langage）」というものは、精神の道具どころではない、むしろ、人間精神というものを絶え間なく産み出す、万人にとっての深い神秘の闇であることを意味している。そう言うほかない。もちろん、この事実は、私たちのような日常の言語使用者によっては、ほとんど意識されていない。この事実を徹底して考えてみるのには、ソシュールの天才を要したのである。

声に出される言葉、文字に書かれる言葉は、すべてソシュールの言う「ことば《ル・ランガージュ》」の実現された形であって、そこには、意識された人為の約束事だけがあるかのように見える。だが、それらの言葉が実現しているものは、その実現を通して思考も精神も生み出しているような、潜在的な神秘の運動（ル・ランガージュ）なのではないのか。ここに、言葉を単なる道具と見なしてしまうことの難しさがある。

†話される言葉から文字への移行

いずれにせよ、文字には発明者がいるが、日常話される言葉には、その発明者はいない。話される言葉には、起源はない。遡っても遡っても、昨日まで話されていた言葉があるだけだ。その分だけ、話される言葉は、書かれる言葉よりも潜在的な神秘の運動に近い。すなわち、その「正嫡の子」だと言える。これを見損なってはならない、というのが、『パイドロス』で為された主張である。

話される言葉にも、書かれる言葉にもあった、あのふたつの方向を、いま一度振り返ってみよう。ひとつは、有用な情報のために、もうひとつは、精神が外界、自然、宇宙、なんと言ってもいいが、そういうものとの間に直接の通路を開いて生きるためにある。言葉のこのふたつ目の方向こそは、まさに潜在的な神秘の運動から現われ出る言葉の本質を担うものだということ、また、言葉に対して「神の意にかなう」態度が生まれ得るのは、その方向のなかだということ、これをプラトンは語っていたのである。

言葉の第一の方向では、話される言葉は、文字へと容易に移行させることができる。「そこに入るな」と始終怒鳴る代わりに、「立ち入り禁止」の立て札を置いたほうが楽である。学校の授業が、この方向にだけある時は、先生が声を枯らすより「パワポ」のほうがずっと便利だし、効果がある。この方向が操作する有用な情報は、管理や経営や学課の勉強のためにあるだけではない、娯楽のためにも大いに使われ、消費され、儲けを生んでいる。

こういう方向で使用される時には、文字はそれを使う人の生身を離れ、読む人の生身も離れ、抽象的な記号の空間を漂い出す。際限もなく漂って、文字記号による底なしの情報の渦に私たちを巻き込む。これは、私たちをとてつもなく不安にする空間であって、その不安を、刺激や快楽や妄想にすり換える道具にもまた、私たちはすでに馴れ切っている。この種の道具、すなわち情報機器とやらは、いまの私たちには、ほとんど不可欠となっているから、どんどん新式のものが開発される。おかげで、電子ゲームに狂ったようにのめり込む人は、これからもますます増えるだろう。この狂騒が、どこまで行くか、誰も知らない。

†精神の道具

話される言葉には、有用な情報の伝達という側面が必ずあるから、これを文字のような視覚記号に置き換える技術が生まれてくる。置き換えられれば、その情報は時も処も選ばずに拡がっていく。この置き換えは、方法としてはもともと単純なものだから、無際限に増えていく。増えて、人の手に負えない化け物になっていく。

アルファベットのような表音文字だと、二十六文字の組み合わせで済む。その組み合わせを「単語」と称されるものに区切って示す。はっきりと区切られ、明瞭に発音される「単語」という考え方は、アルファベットのような文字表記が作り出したものである。漢字仮名交じりの文字表記を千年以上採用している私たちは、日本語にも「単語」がある、という考え方がなかなかわからない。次の文には「単語」が幾つありますか、という国語の問題には苦労させられた。ないものを、あるかのように学ぶのだから、苦労するのは当たり前だ。

中国伝来の漢文となれば、文字の拘束はアルファベットより大きい。この表意文字では、一字、一音節、一単語の明確な対応が課せられる。発音できなくても意味はわかる、ということが、いくらでも起こり得る。反対に、話していても、その言葉の書き方がはっきりしていなければ、意味が通じない場合もある。言語生活での文字の支配がここまで進むと、話される言葉は、書かれる単語の、声による実現、つまり発音だという考え方さえ生まれてくる。しかし、それは錯覚である。話される言葉より先に文字があった、というような事実は、世界中どこにも見出されない。

言葉が、まず人間の声により、時間の秩序をもって現われてくるという、この決して動かせない事実は、言葉が単なる道具ではなく、私たちの生の持続に、何よりも深く結びついたものだ、ということを示している。話される言葉は、私たちの生の運動に余りにもぴったりと張り付いた何かなのだ。だから、話される言葉が、有用な情報の伝達のためでなく、自然に対してその内側から意味の通路を開くために用いられようとする時には、その言葉を文字に留めるのは、簡単なことではなくなる。文字は、話される言葉に在る生の運動を、リズムを、文字固有のやり方で創り直さなくてはならなくなる。この時にこそ、文字は、私たちの生にぴったりと張り付いた精神の道具になる。

話される言葉は、それを聞く人の魂に植え付けられ、その人を養うものとなって生きることができる。『パイドロス』に登場するソクラテスは、そう言っていた。このような働きをする言葉は、どんな技術によって書かれたものとなり得るのか。プラトンは、そこのところをはっきり語っていないが、彼の著作、「対話篇」がそのことを実例で示している。ここに書かれている言葉は、話された言葉の文字による再現などではない。書くことだけが創り出す言葉の運動によって、意味を産んでいる。意味は、書かれた言葉が支え続ける運動のそのものだとも言える。

書かれる言葉が、私たちの生の運動にぴったりと張り付いて運動し、意味を産む時には、それを読む人のなかに必ず精神の、魂の声が響いている。その声は、話される言葉の声に似てはいるが、決して同じではない。二つの声は、どこまでも並行して交わらないだろう。朗読を誘う本が、そのような種類の書物であることは、多くの人が経験で知っている。愛読と呼ばれる技術は、書かれた言葉が秘める魂の声を、ひとつの肉声に現わす独特の技術である。この技術が、書かれた言葉の運動を歪め、とんでもなく調子はずれにすることもある。が、特定の色合いを与えて、思わぬ香りをもたらすこともある。

†ショーペンハウエル『読書について』

話は少し変わるが、十九世紀前半のドイツの哲学者ショーペンハウエル（一七八八～一八六〇）には、有名な読書論がある。これは、彼の主著『意志と表象としての世界』に関する『付録と補遺（パレルガ ウント パラリーポメナ）』として書かれた作の、そのまた一部分を成すものに過ぎないが、その一部分が、日本では『読書について』（斎藤忍随訳、岩波文庫）の書名で翻訳され、今もよく読まれているようである。

よく読まれているのは、『読書について』という温和にして親しみやすい書名のせいだろうか。しかし、読んでみれば驚くべき極論が書かれており、それがみなまったく正しい。実に愉快な本である。たとえば、こんなことが書かれている。

「読書は、他人にものを考えてもらうことである。本を読む我々は、他人の考えた過程を反復的にたどるにすぎない。習字の練習をする生徒が、先生の鉛筆書きの線をペンでたどるようなものである。だから読書の際には、ものを考える苦労はほとんどない。自分で思索する仕事をやめて読書に移る時、ほっとした気持ちになるのも、そのためである。だが読書にいそしむかぎり、実は我々の頭は他人の思想の運動場にすぎない。そのため、時にはぼんやりと時間をつぶすことがあっても、ほとんどまる一日を多読に費やす勤勉な人間は、しだいに自分でものを考える力を失って行く。つねに乗り物を使えば、ついには歩くことを忘れる。しかしこれこそ大多数の学者の実情である。彼らは多読の結果、愚者となった人間である」。(『読書について』)

バネに圧力を加え続けると弾力をなくす。精神も同じで、他人の思想の重石《おもし》によって押さえ続けると弾力を失う。つまり、惰性で文字をなぞり続ける特殊の阿呆になる。やたらな多読は、精神を麻痺させるに最適のものと知るべきだ。白墨で、文字を次々重ねて書いた黒板を考えてみたまえ、最後は、何も読めなくなるではないか。読まれたものは、「反芻され熟慮され」てのみ、「真に読者のものとなる」。体が食べ物を消化し、血肉にする場合と何ら変わりがない。体は、食べることによってではなく、消化することによって身を養う。食べ過ぎは、たちまち身を損なう。体にとって当たり前のことが、どうして精神にとってそうでないことがあるか。ショーペンハウエルは続ける。

「さらに読書にはもう一つむずかしい条件が加わる。すなわち、紙に書かれた思想は一般に、砂に残った歩行者の足跡以上のものではないのである。歩行者のたどった道は見える。だが歩行者がその途上で何を見たかを知るには、自分の目を用いなければならない」。(同前)

彼が言っていることは、素直に読めば、まことにはっきりしている。本は読み過ぎてはならないというより、一定以上には読むことができないのである。人間が読んで消化し、血肉とできる本の量は、ほんとうはごく僅《わず》かであって、それは私たちの、言ってみれば精神的な生の限界と重なっている。だから、読む本は、生涯の内で慎重に選ばれなくてはいけない。

しかし、当然ながら、選んだ後には、その読み方が、コツというものがある。コツはただひとつ、固定されて動かない文字の形に目を向けないことだ。絶えず、文字を通して、文字の向う側へと飛び込んでみることだ。言い換えれば、書く人の思考の運動それじたいに、自分のすべてを一致させること。その工夫を、こちら側から一心に凝らしてみることが、真の読書である。ショーペンハウエルは、そう言っている。

ここのところは、まだ極論と言うほどでもない。読書し過ぎて馬鹿になることは、実にたやすい。読書で精神の血肉を養う工夫は、生きる努力そのものと一致している。ひとつの魂が、自己自身を超えて行こうとする努力と、必ず一致しているだろう。それを知らなければ、読書こそは百害無益、人を口達者な愚か者とするのに一番手ごろな手段である。

†馬鹿につける薬はない？

しかし、書く人の思考の運動それじたいに、自分の魂を一致させる、などということが、誰にもたやすくできるだろうか。できないから、本はあれをこう読め、これをこう解け、そうすると何でもわかる、といった本が売れる。そういう助言めかした狡猾な法螺《ほら》が、何の役にも立たないことを知っていて、その種の本を何冊も買ってしまう人がいる。こうしたことに関し、ショーペンハウエルの考えは、冷徹にして極端なものである。彼は何の助言も、説教もしない。それで、こんなことをあけすけに、はっきりと書いている。少し長くなるが、引いてみようか。彼の読書論の急所が現われていると思うので。

「著作家に固有の性質、才能としては、たとえば次のいくつかのものがあげられるだろう。説得力、豊かな形容の才、比較の才、大胆奔放、辛辣《しんらつ》、簡潔、優雅、軽快に表現する才、機知、対照の妙をつくす手段、素朴純真など。ところでこのような才能を備えた著作家のものを読んでも、一つとしてその才能を自分のものにするわけには行かない。だがそのような才能を素質として、『可能性』として所有している場合には、我々は読書によってそれを呼びさまし、明白に意識することができるし、そのあらゆる取り扱い方を見ることができる。また読書によってこのような才能を使用したいという気持ちばかりでなく、勇気も強めることができる。あるいは、その使用の効果を具体的な例に照らして判断し、その正しい使用法を習得することができる。このようにして初めて我々は、それを実際『現実に』所有することになるのである。したがって読書によってものの書き方を学ぼうとしても、ただ自発的活動を促されるだけである。つまり読書は我々が駆使しうる天賦《てんぷ》の才能の駆使を促すのである。だからこの読書の教えは、生まれながらの才がある場合にのみ意味を持つ。それを欠いていれば、我々は読書から生気に乏しい冷たい手法だけを学んで、軽薄な模倣者になるにすぎない」。（同前）

天賦の才を持たぬ者は、読書から何を得ることも、実際に「所有する」こともできない。

読書は、ただ読む者が本来持っていた天分を目覚めさせ、駆動させるのに役立つことがあるだけだ。つまり、馬鹿につける薬はない、と言うわけか。

ショーペンハウエルのこの考え方は、プラトンの「想起説」に似ている。これによれば、人はすでに知っていることしか、探求することはしない。単に知らないことなら、誰も探求を思い付きはしないだろう。何かを求めるのは、それが在ることをすでに知っているからである。では、すでに知っているのに、なぜ新たに探求するのか。その智慧が、今生のものでなく、どこか遠い記憶の底に眠っているから、そう考えるしかない。ショーペンハウエルの言う「天賦の才能」とは、潜在するこの記憶のことだと言ってもいい。

†ショーペンハウエルの極論の真意

もちろん、彼の言うことは、極論である。だが、たまには極論に立ってみなくては見えてこない物の道理がある。およそ読書とは、己の天分を賭けて行なう言葉との烈しい交渉だということ、この自分がいかに生きるべきかを問うひとつの方法だということ、それであってこそ、読書は有効であり、自己発見の喜びで満たされたものになる、ということ、ショーペンハウエルはこれを言っているのである。

そう受け取るなら、彼が主張しているのは、馬鹿につける薬はない、ということではないことになるだろう。何らかの天分をもって生まれてこない人間はいない。それが「才能」として現われるかどうかは、神さまだけが知っている。私たちにできる最上のことは、この天分を裏切ることなく誠実に生きることだ。その努力を続けることだ。書かれた言葉は、読書は、その場合にのみ君の味方となってくれることがある。それ以上のことは、誰にも言えぬ。これがショーペンハウエルの真意である。

読書がほんとうに役立つかどうかは、ひとえに、その人間に与えられた天分の性質による。味覚がめっぽう鋭く、手先の動きに長けた子供は、努力次第で、すぐれた料理人になれる。体を使う仕事では自明のこの事実が、こと精神のみに係わる仕事となれば、途端に曖昧になる。しかし、人の体の持って生まれた性質は、いかんともし難いように、私たちの精神に備わった素質は、いかんともし難い。読書は、その素質を見出させるし、そういうことを可能にさせる本だけが、読むだけの労に値する。

耳寄りな情報を得たり、ろくでもない雑談の種を仕入れたり、束の間の娯楽として消費したりすることは、取り立てて本の効能となるところではない。そういう本は、人間にとってみな有害無益であるから、すっかりなくなってしまうのがよろしい。ショーペンハウエルは、はっきりそう言っているわけだが、それから百七十年経った今日では、紙の本という形をとった迂遠な文字情報は、誰言わずとも、そういう商品になりつつある。

といって、文字情報が廃れているというのでは、少しもない。廃れているどころか、電子機器を媒体にした文字情報の洪水は、ついに人間を亡ぼすかと言うところまできている。横丁の暮らしから国際政治の表舞台に到るまで、その種の文字情報が逆巻いて、人類を翻弄し、いよいよ狂わせていると言ってもいいくらいだ。嘘も本当も、見栄も善意もハッタリも、この奔流に呑まれて次々と消えていく。これは、いいことなどではもちろんない。危険にして悲惨極まる歴史の現状だと私は感じ、心底からの恐れを抱く。

†「解説書」は読むべからず

読書はとにかく大切だ、などとは到底言えない。大切なのは、つまり愛読に値する本だけ、ただそれだけである。このことは、私のごとき文筆業者が諸般の事情を慮《おもんぱか》れば大変言いにくいことだが、本当だからどうも致し方ない。ショーペンハウエルは、その本当のところを、まことにはっきりと、皮肉でも冗談でもなく、言い切ってくれた。では、どんな本が愛読に値するのか、しないのか。こういうことは、他人事のようには言えない。それぞれが、自分の天分を賭けて見出すしかない。愛読書に出会うことは、自己を発見することとまったく変わりがない。が、烈しく求める心が、いつも深く動いているのなら、人は必ず愛読書に出会う。本は向うからやって来てくれると言ってもいい。

何かについてのもっともらしい意見を並べた「解説書」が、そういう種類の本でないこと、これは火を見るよりも明らかだ。解説書が、初心者向けだからではまったくない。およそ解説する、という行為そのものが、精神の停止、停滞、凝固に基づくからだ。ほんとうに活きて在るものは、解説などできない、そのものの内に入り込み、そのものと共に動き、生きてみるしかない。そうしたことを読む者に求めている本がある。

「解説書」というものは、単に不正確なのではない。解説されているものと無関係な言葉で書かれているから、始めから対象に達する性質の本ではないのである。「解説書」には限らない、「研究書」と呼ばれる本にも、しばしば同じようなことが起こっている。こっちは専門家向けだから、なおさら始末が悪く、読むほどにとんでもないところに、解かれることのない無理難題に連れて行かれることがある。

これもショーペンハウエルが『読書について』で言っていることだが、世に数知れずいる「書籍哲学者」たちは、何をしているか。「いろいろな人の言葉や意見、さらにまたそれに他の人が加えた反論などを報告するのが書籍哲学者の仕事である。彼は比較考慮する。彼は批判し、その事柄の真理の背後に迫ろうとする。だがこのような仕事にいそしむ哲学者は、批判的方法を武器とする歴史家に酷似する。そういうわけで彼はたとえばライプニッツに、ごくわずかな期間にしてもスピノザ主義者としての時代があったか否かなどという種類の研究を試みることになる」。

「書籍哲学者」にとって、「影響」とか「乗り越え」とかいう言葉ほど重宝なものはない。こうした言葉がなければ、彼の商売は立ち行かないくらいである。哲学だけの話ではもちろんない、人の思考や精神をごく気軽に取り扱い、それが学問を装っているところでは、必ずあることだ。この人物のこの思想、あの方法は、誰それのこの時期のあの着想に影響を与えている。それがいつ、どんな具合に乗り越えられたか、云々。こういうところでは、人間の考えたところは、歴史中に展示された物品のように転がっており、研究者はそれらの成分を紹介し、比較し、関係づけたりする。

ところが、もう何度も言ってきたように、物品のように受け取られる思考などはない、思考は運動であり、生成であり、新しい質が絶え間なく湧き出る渦である。それを受け取ろうとするなら、自分の全身でその渦の深みに身を投げ入れ、みずからも渦そのものとなって、それを新しくする以外にない。書物は、その時の道具として最も優れた効用を持つ。「影響」と気楽に呼ばれるものは、いったい何なのだろう。心に判でも押されるように、誰かの決まりきった考え方、たとえば「スピノザ主義」に、染まることか。こんなことは、物品の贈答に等しく、実は誰の精神の内にもほんとうには起こっていない。起こっているかのように言うことを、職業とする人たちがいるだけだ。

あいつは親父の影響を受けていると言う、そういう時に使われる「影響」という言葉は、生きたものだろう。親父を見て、その真似をして、いつかその真似が、息子のなかで、捨てることのできない彼自身の心の態勢となっている。それならいい。そういう影響は、本を通しても実際に起こり、それは決して曖昧な問題を持ち上がらせない。ほとんど指摘する要もない、当人によってだけ生きられた、ほとんど孤独な、と言っていい経験になる。

思想史研究などを成り立たせる時に、誰から誰への「影響」という言葉が用いられると、途端にこの言葉は、わけのわからないものになる。曖昧模糊としていて、それが故に重宝で、「書籍哲学者」などが、自分で考える手間を省くのにちょうどいいものになる。ライプニッツが「スピノザ主義者」であった時期はいつからいつまでか、なんぞという回答不可能な問題が、平気で立てられるようになる。どうして、「書籍哲学者」は、こういう生き方を選ぶのだろうか。率直に対象を愛していないからだろう。愛読という経験を、積み重ねたことがないからだろう。だから、文字によって宙に浮いた情報しか、本から受け取らない。

†「悪書」を読まずに済ます技術

本は、道具のひとつである。したがって、これにもまたふたつの路が開かれている。コンピューターにつながれた旋盤は、材料をひとしなみに大量に切り分けていく。他方、腕のいい職人が手業によって削り出していくごく少数の物は、木なら木の性質、鉄ならば鉄の性質を深く内側から現われさせ、際限ない。本を読むにも、書くにも、これらふたつの路があることは、明らかである。

真の愛読に値する本は、腕のいい職人が、道具によって物の奥深くに、その運動の巨大なリズムに入り込んでいくのと同じやり方で、文字という道具が使用されていると言っていい。むろん、そういう本はめったにありはしない。ショーペンハウエルのような極論家になると、ヨーロッパでは一世紀のうちに一ダースも出れば十分ということになる。彼の毒舌を紹介すれば、きりがない。愛読に値する本の作者について、見栄や商売のために書かれ続ける膨大な「悪書」がある。一般読書家向けと称して出版されるその種の本を、「読まずにすます技術は非常に重要」だと彼は言う。

「悪書を読まなすぎるということもなく、良書を読みすぎるということもない。悪書は精神の毒薬であり、精神に破滅をもたらす。

良書を読むための条件は、悪書を読まぬことである。人生は短く、時間と力には限りがあるからである」。（同前）

「悪書」とは、コンピューターにつながれた旋盤なのか。いやいや、そう言えば、コンピューターに対して大変失礼なことになろう。この手の旋盤で、計測通り精確に、あっと言う間に削られていく木や鉄を見て、熟練の職人は舌を巻いている。自分には、これより優れた何ができているかを、改めて問い直しているほどである。「悪書」を読んで、「良書」の書き手が舌を巻くことなど、決してない。「悪書」に感心するのは、それを束の間の空しい気晴らしや幻覚の道具とする人たちである。そうした人たちを「一般読者」と呼んで、ショーペンハウエルは、よほど腹に据えかねたのだろう、こう罵倒している。

「一般読者の愚かさはまったく話にならぬほどである。あらゆる時代、あらゆる国々には、それぞれ比類なき高貴な天才がいる。ところが彼ら読者は、この天才のものをさしおいて、毎日のように出版される凡俗の駄書、毎年はえのように無数に増えて来る駄書を読もうとする。その理由はただ、それが新しく印刷され、インクの跡もなまなましいということに尽きるのである。このような駄書はいずれ二、三年たてば、打ち捨てられ、嘲罵《ちょうば》される。そしてその後は永久にみじめな姿をさらして、いたずらに過ぎし世の戯言《たわごと》を嘲笑する際の、材料として引かれるにすぎない」。(同前)

なるほど、「駄書」「悪書」の刊行が成り立つのは、それを買う「一般読者」がいればこそ、だろう。そういう本は、買う人がいなければ、書かれない、刊行されない。それでおしまいになる。書き手としては、はなはだ心細い話だろう。だから、しきりと買う人のことを考えて書くやり手の著者も出てくる。しかし、そんな工夫は、大河の濁流のように過ぎる流行のなかで、ほんとうは何の働きもしていないのだろう。

†それでも「古典」は生き続ける

ヨーロッパ中で、一世紀に一ダースくらいしか書かれない本は、どうなのか。こうした本は、おそらく買う人とは無関係に育つ志によって書かれ、「一般読者」とは無関係な愛読者によって読み継がれる。何十世紀にもわたって読み継がれる本が、つまり古典と呼ばれる書物が現にあることは、何とうれしいことだろう。古典は、ひとつの時代にたくさんの読者を得た本ではない。ひとつの時代にいる少数の読者が、絶えることなく蘇っては、読み継いでいる本である。そこには、時代を貫いて生き続ける無私な愛読者の系譜というものがある。

古典をめぐる愛読者の系譜にみずから入り込むことほど、多くの人間が、孤独や絶望や嫉妬や怨恨から救われる道はないように思われる。愛読者の一人となることには、何の資格も条件もいらない。たくさんな資金も、やたらな知識も、豊富な経験さえもいらないと言える。本は向こうからやってきて、その人を選び、その人のなかに愛読者の魂を育て上げる。そんな本が必ずあることを、紙の本が出来てからの人類の歴史が示し続けている。

この事実を、信じないわけにはいかないだろう。

古典は、人を選んで、そのなかに棲みつくことで生き延びる。この場合、生き延びるとは、古びて遺物となっていくことではない。愛読者の系譜を通し、絶えず新しくなる命を持つことである。古典とは、誰かの愛読を捕らえて、絶えず新しくなろうとしている本のことを言う。愛読の行為は、時代も地域も言語の違いも軽々と超えていく。そもそも近代の歴史学は、人間の精神が、その感じ方や思考の型が、時代と地域とから産まれ出た子供であることを、強調しすぎたのではないか。

人間の精神が生きているのは、横の関係で成り立つ環境のなかだけではない。時間を貫く縦の系譜によっても、私たちは生きられる。電子機器による通信、応答が横の関係を強める道具だとすれば、愛読の行為を芯から支えてきた紙の本は、私たちに縦の系譜を生きる道を開かせる最上の道具である。人間に生き甲斐を与えるのは、やはり後者だと私は思う。

第三章
生きる方法としての読書

アラン

†デカルト『方法序説』

フランス十七世紀前半の哲学者、ルネ・デカルト(一五九六〜一六五〇)は、本など少しも必要としない剛毅の人だった。彼は、よく近代合理主義の父などと称されるが、そんな中途半端な男ではない。子供の頃は非常な勉強家で、当時ヨーロッパ一の名門と言われたラ・フレーシュ学院で、先生たちが教えるような知識は、みなあっさりと吸収してしまった。図書館にある本を読めば済むことだった。さて、それでどんな者になったか。『方法序説』(一六三七)という本に、彼は率直に書いているが、自分はまったく何も知らないままであった、いや、ますます無知になったと感じている始末である。学校で、書物によって学んだ学問のひとつひとつを取り上げ、彼は痛烈な批判を浴びせている。とりわけ、哲学はこきおろされている。この学問領域で、際限もなく議論されている意見は、みなもっともらしく、どこまで行っても、ただもっともらしいに過ぎぬ。こうした性質の議論は、みな虚偽とみなされるべきなのだと。

書物にかじりついて、自分の目で物を見ない、確かめたこともない知識を言葉の上だけで軽信し、現にある経験を省みない。こんな習性を身に沁み込ませることが学問なら、今日から、学問とやら一切を自分は投げ棄てよう。少年デカルトは、ある日そう決意したそうである。天才というのは、ほんとうにいるものだ。その時を回顧して、彼は書いている。

「そういうわけで、先生たちの監督から抜け出せる年齢に達するとすぐ、私は書物による学問からすっかり離れた。そして、自分自身のなかにある、もしくは世間という大きな書物のなかにある学問以外の学問は、もはや求めまいと決心した。私は、残った自分の青春時代を旅に使った。宮廷や軍隊を見ることに、さまざまな気質、境遇の人々との付き合いに、さまざまな経験の蒐集に、偶然の成り行きが自分に課す遭遇のなかで自己自身を試すことに、またとりわけ、眼前に現われて来る諸事物に向かい、そこから何らかの利益を引き出しうるか、思いを凝らすことに」。(『方法序説』第一部)

こうして、孤独な旅を続ける男に二十年の歳月が流れた。本ではなく、「諸事物(les choses)」に直接問いかけて答を得る方法を、自分はこの旅のなかで揺らぐことなく身につけた。その成果を御披露しようというわけで書かれたのが、『方法序説』と、その実践例を示す「屈折光学」「気象学」「幾何学」の三つの論考である。これが、十七世紀前半のヨーロッパの認識体系をひっくり返すような本になった。どんな学者も、ここから起こる革新と無関係ではいられなくなった。自然学も、哲学も、神学も。そして、激しい論争が起こる。それに応ずるデカルトの風貌には、鍛え抜かれた騎士の威厳があった。本による知識しか持たない学者に、こういう男を論破できる術《すべ》があろうはずはないのである。

人間の歴史のなかには、ごく稀《まれ》にこのような人が出る。誰の影響も受けず、人がありがたがる本はほとんど読まず、読んでもまるで信用せず、自分に課した計画と決心だけで、すべてをやり遂げてしまうような人が。天が送り込んだ、非常に特別な人間だと考えるほかない。デカルトは、近代の始まりに、ヨーロッパの真ん中に現われたその典型だと言える。彼の問い方と答の出し方、つまり思考の方法は、物質文明の近代化に大きく作用したし、機械産業の飛躍的な発展にもつながっているだろう。しかし、そういうことは、人生の門出で彼が固めたあの孤独にして爽快な決心とは、何かとてつもなく異なっている。

†デカルトの愛読者アラン

デカルトが生きた時代から三百年後、二十世紀前半のフランスに「アラン」というペンネームで文章を書いた哲学者（一八六八〜一九五一）がいる。この人は、徹底した読書の達人だった。愛読することを、哲学の最上の手段、生きる上の至高の方法にまで高めたフランス人だと言っていい。彼がいちばん愛読した本は、たぶんデカルトの『方法序説』だろう。デカルトの著作群のなかでも、とりわけこれを好み、どこまでも重視し、感嘆し、死ぬまで読み続けた。

したがって、デカルトとアランとは、いかに生きるべきか、という問いに回答する「方法」が全く異なったのである。デカルトの『方法序説』は、人間がいかに本なしで思考の極みまで行き、人類に幸福をもたらす仕事ができるかについての「方法」を書いたものだ。アランは、人間がいかに本によって自己自身の思考の極みまで行き、そのことを人間精神の真の幸福とできるかを、愛読の実践そのもので示している。そのために選ばれた最上の一冊が、『方法序説』だったとは面白いことではないか。

デカルトを愛読し尽くしたアランは、それで、どんな思想に達したか、デカルトと同じ思想に達したのか。達したと言えるが、そう言っただけでは、まだ足りない。アランが描き上げたデカルトの肖像は、ある意味でモデルを超えている。モデルの魂の奥深くにあって、彼を産み出し続けた唯ひとつの力、人間を最も偉大にする力が、実に活き活きと写し出されている。比類なく描かれたその顔は、言わばアランその人の顔と二重写しになって、まったく区別がつかない。これは、どういう事情を示しているだろうか。

†「デカルト讃」

アランに『精神と情念に関する八十一章』という名著がある。この本は、一九一六年に刊行されたが、二十五年後の一九四一年に大幅に増補され、『哲学の基礎』(中村雄二郎訳の白水社版では『哲学講義』)と改題されている。その内の一章に、「デカルト讃」という見事な文章がある。短いものだが、これを読んだだけで、アランが、いかに、どれほどデカルトを愛読したか、想像がつく。翻訳するのが、かなり厄介な文章だが、少し紹介してみようか。

「デカルトを理解するために、私たちにいつも欠けているものは、知力である。外見上はしばしば平明で、従うも反論するも容易に見える。ほとんど至るところで謎めいているのだ。誰も、これほど良く自己自身のために想を練りはしなかった。が、たぶん孤独過ぎるのであり、語っている時の彼は、さらに孤独だ。その言葉は、何も教えず、彼は慣習に従う。デカルトは、ひとつの言葉も創り出しはしない。いわんや自分の宗教も、もろもろの情念も気分も作り直しはしなかった。そうしたもの一切は、一つになり、内側の光に照らされて、自然極まる彼の言葉が、その一切を私たちに運ぶのである。語の意味を変えるどころか、反対に、各語に宿るすべての意味を、彼は同時に理解する。ひとりの人間が為すべきこととして。『省察』の神は、善良なる女たちの神である。ロレットへ巡礼に行くように、彼は『情念論』を書く。あの有名な夜の啓示は、ひとつの奇蹟であり、彼の思想である。デカルトは、ここに居る、至るところに居る、全部が居て、分割不可能なのだ。これほど自己の近くで哲学を為した者は、ひとりもいなかった。感情は、何ものも失わず、思想となる。ある人間の一切がそこに姿を現わし、読者はそこへ消える。黒々としたこの眼差しは、それ以上を約束しない。彼は、ほとんど励まさない、しかし丁寧である。これを通して理解するべきなのだ。保守的で、革命から身を守る軽蔑というものが、しっかりと備わったこの精神を。なぜなら、彼は、若い頃の自分を何ひとつ否定することなく、すべてを変えたのだから。ただし、外の建物を壊したのではない、ただ精神において変えた。革命も新しい街路も必要とせずに」。

まだ続くが、このあたりでいいだろう。この文章を読むたびに、私は愛読の真髄がこれほど圧縮されて示された文はあるまいと感じる。これを書く時のアランは、疑いなくデカルトに匹敵していたのであり、貰ったものよりもはるかに多くを、デカルトに返したのだとさえ言える。そういうことが、愛読に支えられた称賛のなかでは起こり得る。

「あの有名な夜の啓示」とは、『方法序説』第二部の冒頭に書かれている不思議な「炉部屋の一夜」のことを指している。「その頃、私はドイツにいた。そこでは、戦争はまだ終わっていず、それが私を呼び寄せた。皇帝［神聖ローマ帝国皇帝フェルディナント二世］の戴冠式から軍隊へと戻る帰途、冬の始まりが、私をとある村に止《とど》まらせた［……］」といった書き出しで話は始まる。それは一六一九年十一月十日、デカルト二十三歳の時の出来事である。彼が血気溢れる傭兵として、あちこちの戦闘に参加していた頃のことだ。静まり返った炉部屋のなかで、彼は自己の内部に集中し、自分の思考を導く方法となるべき根幹の図式を、決定的につかんだと感じる。ここに起こった精神の異様な集中を、アランは「啓示」であり、「奇蹟」だと言うのである。彼の思想は、奇跡のようなこの孤独な経験からはっきりと産まれ、一個の人間のように成長したものであると。

確かに、『方法序説』のような平易な自伝的書物が、純粋な哲学に向けて書かれた例は、ほかにはない。この外見に、普通の読者はだまされる。風変わりな身の上話は読み飛ばして、さてその思想にある理論の組み立ては、という具合に進んでしまう。アランは、その身の上話こそが、まさにデカルトの「思想《パンセ》」なのだと言いたいのである。デカルト自身が、この本のいたるところで、そうした言い方をしている。私は、あの「炉部屋の一夜」以来、ここに書く思考の方法を、みずからの血肉とするまで、まことに長い歳月を費やした。だから、この本を読んだだけで、誰もがすぐ私と同じ果実を得るとは、思わないでくれと。

アランは、デカルトの言葉が意味するところを忠実に、素直に、徹底したところまで掘り下げて受け取った。そうすると、『方法序説』は俄然、読むことの難しい本になったのである。ただし、この難しさは、辟易《へきえき》する難解さではない。それ自体が、繰り返し読む喜びとなるような、しっかりした物の手応えに似た何かだ。

†独創的な肖像画

もう少し、アランの話をしよう。

彼は、デカルトのことを「これほど自己の近くで哲学を為した者は、ひとりもいなかった」と書いていた。「自己の近くで」とは、言い換えれば、天がわが身に与えた能力だけを信じて、という意味である。自惚れているのではない。むしろ、謙遜と誠実の極みで、真っ正直にそう考えている。その能力を、彼は「良識」だの「理性」だのと言っているが、実際にはそんな言葉は何ものでもない、彼の中心で唯一信じられている思考する力、精神の活用法、それだけを頼りに独りで生き抜くことが重要なのだった。

この生き方が、どんなに驚異に満ちたものか。アランがデカルトを読む態度は、この驚きから出発し、瞬時もそこを離れることがない。結果として、アランのデカルト論は、研究者が書く哲学史とはまったく関係のない、この上なく独創的な肖像画になった。それは、心の柔らかい読者を魅了してやまない。独創は、狙われたのではない。比類ない人への尽きることない純粋な驚きは、独創を招くよりほかなかったのである。

デカルトは、西洋哲学史が決めつけているような、近代合理主義の親玉なんかではない。彼は、自分自身のためだけに制定した方法を守って、眼前の事物に真っ直ぐに問いかける。その行為に、たった独りで熟達しようとする。見栄もハッタリも、軽信も愚かさも、そういう誰しもが付け込まれている弱さとは、一切無関係に。哲学史は、人間の行動を見ず、それが撒き散らしていったさまざまな観念の屑を、もっともらしい体系に取りまとめる。面白くも可笑しくもない俯瞰図が、そこに並ぶ。そんなものを信じて、一体誰が生きられよう。

†本による教育

ところで、アランという人は、自分がデカルトのようには生きられないことを、実にはっきりと、深くまで知り、そのことを肝に銘じていた哲学者だと、私は思う。デカルトのように生きるとは、本という本を投げ棄て、一切を自分のなかで発明し、組み立て、人のために役立つこと以外は眼中に置かず、生きることである。彼は、ヨーロッパの長い巨大な内戦状態を、剣ひとつを提げて自由に、縦横に駆け巡って生きた最後のルネサンス人である。

二十世紀前半に、フランスの高等中学で一哲学教師として生涯を終えたアランは、そんな途方もない英雄ではない。しかし、この謙遜なる哲学教師の思考は、デカルトに匹敵する価値を持っている。そのことを可能にさせたのは、愛読という、たったひとつの単純な方法だった。彼は、デカルトを、プラトンを、スピノザを読み抜いた。バルザックやスタンダールも読み抜いた。彼らの本を、彼ら以上にわかるところまで、我がものにしたと言ってもいい。そこから語られる言葉は、独立自尊で生き通した人の叡智の光で輝いている。

読む行為が、ここまでのものに育つには、言うまでもなく、大いなる心の工夫と努力とが要る。たいていの人は、それを怠り、小さな自負心に足を取られて転んでしまう。その時には、本は人をどこまでも愚かにする道具にしかならない。本による教育を行なう人は、そのことをよほどよく心得ていなくては、かえって大きな害を与える。

本による教育に工夫と努力を、というのは、実はそんなに難しい注文ではない。哲学教師としてのアランは、教室に一冊の本を持って行き、少年たちに向かってそれを読み上げ、読んだらその本を掲げ、素晴らしい！ と嘆息しただけかも知れない。大いにあり得ることだ。それは立派な授業であり、教師にそれ以上のことは、なかなかできない。

†「死者への礼拝」

アランは、哲学教師として生きた長い期間に、それと並行して「プロポ」と題する新聞コラムを連載していた。「プロポ」とは、「話題」という意味である。短い「話題」の機智溢れるこの連なりを全部本にすれば、かなりの分量になり、それだけで何巻もの智者の書物が編める。「プロポ」は、生徒向けに書かれたものではない、大人の智慧も経験も有る生活者に向けて書かれた。どれも哲学者によって成された美しい散文の見本で、折に触れて読み返せば、必ず新しい意味が響く。

その「プロポ」のうち、一九二二年一月十五日付けで新聞に載った「死者への礼拝」という一文がある。これを読めば、アランが、愛読の経験を通して明確につかみ取っていた生きる秘訣、とでも言うべきものが浮かび上がってくる。彼は、こう書き出す。

「死者への礼拝は、人間が居るところならどこにでもあり、どこにあっても同じだ。それは、ただもう礼拝なのであって、さまざまな神学説は飾りか手段に過ぎない。想像力は、とりわけここに罠を張る。外見を呼び覚まし、本能からくる一種の恐怖を創り出す。そこには、本当の信心など、ほとんど入っていない。この種の迷信が、死者についての考えを歪ませる。よって、それは、最も自然な情愛に背くものとなる。したがって、礼拝の全努力は、ほとんど動物的なこの恐怖を鎮めようとするわけだ。そして、最も素朴な数々の宗教は、姿を取った死者たちの蘇りを、彼らに手向けるべき栄誉が彼らに少しも与えられなかったことの徴《しるし》だと、いつも感じてきた」。

幽霊を怖いと思うのは、決して覗くことができないはずの冥界の現われを、そこに観るからだろう。宗教を装う詐欺は、この恐怖心を抜け目なく利用し、人々の心にさまざまな形で植え付ける。しかし、死者は恐ろしいものなどではまったくない。「最も自然な情愛」は、いつもそれを教えている。親父の幽霊が出たとしよう。幽霊は、自分のことを、もっとよく思い出してほしいと倅に言っている。ただ、それだけのことだと感じればいい。そう感じれば、幽霊を見ることほど、心に温かいものを送り込む経験はあるまい。

しかし、死者をこのように思い出すだけでは、まだ足りない。思い出すだけが、すべてではない。「こうした思い出そのものに関する義務というものが在る」、アランはそう言う。どんな義務か。「死者たちを、彼らが纏う粗雑な外観から浄化し、遂には真の、尊敬に値する現存を手に入れようとする義務」である。

こうなれば、もはや自然な情愛に関わる話ではない。やってしまった親不孝への反省など、たいしたことではないだろう。重要なものは、〈人間〉に対して義務を果たそうとする意志である。死んでいった人間の生前の姿は、目に浮かべれば惨めなものだ。思い出される数々の欠点、卑小と滑稽、そんなもので満ちている。しかし——とアランは言う。「意志は、この種の思い出を退けることに適用され、いつもそのことを達成する」。達成することは、意志の義務だからである。

死者たちが、自由な現存を謳歌する領域というものが在る。この思想は、洋の東西を問わぬ。どこであろうと、人間の生が必要とする考え方である。この必要は、人間の情念や気質に寄りかかった欲求より重い。だから、「純然とした精神、分離された魂、という思想《イデー》は自然なものだ」とアランは言う。「このような純化が、大いに私たち自身に依っており、死者たちを然るべきやり方で想おうとする私たちの気遣いに依っている、という思想もまた、自然なものである」と。

祈りの起源は、ここに、つまり死者への礼拝にある。それは、「愛に従った瞑想、賢く、正しく、善であったものだけを見つけ直し、その他は忘れるために為される瞑想」である。このような祈りを通して、死せる者は浄化され、私たちのなかに入り込み、蘇って私たちを支えてくれる。さらに、アランは言う。「英雄たちがいかにして神々になったかは、誰もが知っている。しかし、この変身は、英雄たちの特権ではない。すべての死者たちは、彼らの美点によって神々なのだ。そして、愛情は、彼等の美点を見出す術《すべ》を、いつも知っている。このように、死者への礼拝を通して、私たちのお気に入りの想念は、いつも私たちより優れたものになる」。

そう、私たちの口から出る死者たちへの称賛、愛惜、尊崇の言葉は、いつも私たち自身を、現にある以上の者にする。これは、人間が生きる上で、一番重要な、しかも幸福をもたらす思想ではないか。死者たちへの真面目な、愛ある称賛によって私たちが生きる時、造り出されているものは、愚かな幻影ではない、私たちにはぜひとも必要な「人間のモデル」（アラン）というものなのだ。変身した死者たちは、必ず蘇ってその制作に応え、協力してくれる。その意味で、死者への礼拝は、死や病の最も有効で、力強い否定となることもできる。最後に、アランはこう言っている。「死者は生者のために祈っている、このことを理解しなくてはならない」と。

†愛読が死者への礼拝となること

こういう文章に接すると、アランの本の読み方が、なぜあんなにも優れ、それ自体で哲学とも、智慧の宝庫とも言えるものになっているかがわかる。アランがほんとうに愛読した本は、多かれ少なかれ、古典となったもの、遠い死者を書き手とするものである。私たちのなかに古典が生まれ、生き続ける力は、あるいはその理由は、いつも沈黙している。研究者と呼ばれる人たちの学者ぶった口上などとはまったく無関係に、沈黙して在る。『パイドロス』は、『方法序説』は、なぜ古典となったのか、ほんとうは、誰にもその理由を合理的に説明し終えることなどできない。できるならば、古典ではない。アランにはその信念があり、その信念によって、彼は古典を愛する。そういう読者に対してだけ、古典は、その内側からしか開かない扉を開く。愛読者に対してのみ開かれる扉が、開くのだ。

そう考えれば、祈りの起源である「死者への礼拝」に日頃から馴染むことは、優れた愛読者となるための、不可欠の基礎訓練だということになろう。智慧ある「死者への礼拝」から、愛読者の道へと進むことは、まったく自然な階梯《かいてい》である。このような場合には、本は「死者への礼拝」を行なうための、これ以上ないありがたい道具になる。なにしろ、相手は遠い死者である。会って話をするというわけには決していかない。このことが、むしろ有利な条件となる。有利な条件となるように生きよ、というのが、アランの説いたところなのだ。

生身の他人は、厄介なものである。高徳の人も、つい嫌味を言うし、手に負えぬわがままも演じ、酒に酔えば目を覆う醜態をさらすかもしれない。歳をとれば呆け、手足の動きもままならなくなる。こういう人が死んでくれれば、こっちのものだろう。この人への思い出を材料に、私たちは自分に必要な「人間のモデル」を、好きなだけ見事に創り上げることができる。もしも、死者へのその思い出が、絶対に無駄口を叩かない本のなかにしかないのなら、死者を美化するに当たっての面倒な手間は、大いに省かれるというものだ。

†自分のためだけにする読書

何もかもを自分のなかから作り出す、というような人は、めったに出ない。そういう人間が出現するのは、人類史のなかで、ごく限られた時代だけなのだろう。たとえば、デカルトはそんな人として現われた。死んでからは、たちまち近代合理主義の父、などという平凡な呼称を与えられたが、生きていた時の彼は、敢然として孤立した意志強固の野人であり、同時に世界人だった。彼以後に開かれた近代には、こんな男は出ようがなかった。デカルトの愛読者アランは、そのことを誰よりも的確に診て取っている。おそらく、デカルト自身よりも的確に。

アランが選択した愛読者という道は、デカルトのような万能にして剛毅の偉人が、もはや出る余地のない二十世紀という時代に、なおそれに匹敵する、言わば別の型の偉人となる道だった。褒めることが、褒められる人に匹敵する方法となる道がある。そのことを深く、どこまでも深く可能にさせる道具は、やはり書物のなかにしかないだろう。若いデカルトが一気に棄て去ったという、あの書物なるもののなかにしか。

ショーペンハウエルは、人が本を読んでわかるのは、その本に在る意味が、その人のなかにもともと宿っている場合だけだと言っていた。誰でも考えそうなことが書いてある本は、読むと誰もがすぐわかり、そういう本がまた不思議なことによく売れる。偉大な本とても同じことだと、彼は言うのだろう。ただ、違うのは、それを読んでわかる人間が、始めからほんの少ししかいないことであると。

だが、話は、そう簡単なことでもないだろう。誰のなかにも宝が眠っている。通常の意識が届かない暗い領域に潜在している。その宝を、光のもとに引き出すことを妨げる扉は、何重にも閉ざされていて恐ろしく固いが、それでも、少しずつ開いていく通路はある。あると信じなければ、ほんとうの教育は、存在しないことになろう。ただし、ありうべきその教育は、徹底した自己教育でしかないことを覚悟したほうがいい。ショーペンハウエルは、ほんとうはそう言いたいのではないか。

†吉川幸次郎『読書の学』

話の方向を、少し変えてみよう。中国文学者の吉川幸次郎(一九〇四～一九八〇)に『読書の学』(一九七五、筑摩書房)という本がある。ここで吉川が、手を変え、品を変え、執拗に説こうとしていることは、ここまで私たちが考えてきた主題と大いに関係がある。

彼が言うことも、書かれた言葉には、性質の異なる二つの傾向が在る、ということだ。そのうちの一方は、言葉が「事実」を伝え、伝わればその言葉は忘れられる、「事実」だけが論じられ、保存される、という傾向である。この「事実」には、外に見られる事物や出来事もあり、内に感じられる意識のこともある。それは、どちらでもよい。要するに、書かれた言葉そのものは、到達した「事実」に置き換えられると同時に忘れ去られる。自然科学はもちろん、社会科学、人文科学であっても現代の学問は、たいていこれだ。書かれた言葉が持つこの傾向にどっぷりと浸かっていて、それを省みることさえしない。新聞や週刊誌に書かれた言葉がそうであるのは、当たり前で、誰が汚職事件の記事をまるごと暗誦しようか。これが、文字を用いる人性の自然というものだろう。

「しかし」と吉川は言う。「この自然にのみ従順であることは、認識の方法として、したがってまた学問の方法として、十全であるか。それについて、反省を持つ学者がある。反省は、別の認識を生み、別の態度を生んでいる」と。

書かれた言葉が表わす「事実」ばかりを重んじて、それを現わす言葉には一向に無頓着なのが、おおかたの学問であり、日々の生活である。と、こう私が書く文章も、幸いにして誰かに読まれることはあっても、そのまま記憶されることはまずない。読む端から、内容の理解と同時に忘れ去られる。しかし、そうではない態度をもって、揺るがない方法とするような学問がある。特に東洋には、非常に古くからそうした学問領域がはっきりとある。それは、古典の訓詁注釈をもっぱらとする学問であり、自分が行なってきたのはそれ、つまり、純然たる「読書の学」だと吉川は言うのである。

†「批判」と「注釈」

言葉を軽視して、事実を重んじる学問では、誰もが自分の意見を述べようと、競って「論文」なるものを書く。結構な趨勢だが、そこに学問のすべてがあると信じてしまうのは、人間をも、言葉をも知らない軽率な態度である。吉川は、そういう言い方はしていないが、彼の言う「読書の学」を突き詰めれば、結局はそういう主張となるだろう。しかも、これは、まことに傾聴に値する主張である。

学問の成果を、自分の言葉で書いた「論文」で表わすような人たち、そうでなければならないと思っているような人たち、たいていは大学で教師をする人たちなのだが、彼らは、「批判」という言葉がやたらに好きである。プラトンでもデカルトでも、自分の立場から批判的に読んでこそ、論文が書ける。プラトンはこう言っています、デカルトはああ言っています、では研究にならんじゃないか、というわけで、学生にもそのことを喧《やかま》しく言う。こういう先生の監督下では、プラトンがただ好きで、自分のためにだけ愛読しているような学生は、気の毒である。無理にも「批判」を捻り出さなくては、卒業論文が書けない。

吉川幸次郎のような、中国古典の「注釈」や「祖述」を第一に心掛けている学者は、そうではあるまい。このような学者は、古典に書かれていること以上の智慧が、あるいは判断や思考が、自分などにあるとは夢にも思っていない。これを、単に謙虚な態度と言っただけでは、済まされないだろう。同じ本を読んでも、それについて「論文」を書く人と、ひたすら「注釈」だけを心掛ける人との間には、まずもって生き方の違いがあるのではないか。その違いはまた、言葉というものに対する、根本からの態度の違いをも含んでいるのではないか。

「論文」を書く人の多くは、どんな本であれ、ちょいと読んで、ああわかった、とすぐに言うような人である。わかれば、たちまち自分の見解を、「批判」を述べたがる。それで一向に構わぬ本もあろう。しかし、そんな具合に扱っては、何の意味もなくなってしまう本がある。そういう本を、古典と呼ぶのである。「批判」される要など少しもなく、ただ自分のためだけに読み続ける読者が、少数だが、いつの時代にも繰り返し生まれてくる本、これが古典と呼ばれるものなのだ。

もっぱら「論文」を書く「批判」派の学者たちは、一見すると言葉を簡単には信じない人々に見えるが、実はそうではない。むしろ、彼らほど、書かれた言葉を軽々しく信じる者はいないかもしれない。軽々しく信じられたものは、用がすめばたちまち棄てられていく。ほんとうの信を育てようとする人は、簡単に言葉を信じない。それどころか、他人がみな信じてしまったものの言い方を、独りになっても頑強に拒んでいる。そうでなくて、どうして健康な、人の役に立つ学問を建てることができよう。学者ばかりではない、孤独を厭わない覚悟は、日常、私たちが本を読む上にも必要だ。

†書は言を尽くさず、言は意を尽くさず

吉川幸次郎の『読書の学』は、古代中国の聖典『易経』「繋辞伝《けいじでん》」の次の言葉を、モチーフのように何度も引き、それをめぐっての考察を延々と繰り返している。

書不尽言　言不尽意

訓読すると、「書は言を尽くさず、言は意を尽くさず」である。

二句の意味はすぐにわかる。書かれた言葉は、話された言葉を覆い尽くさない、話された言葉は、話されようとする意味のすべてを覆い尽くさない。解釈は、これでいいわけだが、『易』の作者が、すなわち古代中国の王たる「聖人」が、何のためにこれを言ったかについては、時代により、学派により、実にさまざまな説、注釈があるらしい。しかし、そういう議論は、今はどうでもいいだろう。ここで言われていることは、私たちが本書で考えてきたこと、そのままを指している。

書かれた言葉が、話される言葉を覆い尽くさないという指摘は、単に書かれた言葉の弱さや無能を言うだけではない。書かれる言葉と話される言葉とは、互いに独立して別々の働きを産み出す。指摘されているのは、実はそのことかも知れない。あるいは、こうも言える。書かれる言葉は、すでに話されてしまった言葉の写し絵としてなら、はなはだお粗末なものだが、時として、そうではない役割も果たす。書かれる言葉でなければ表われてこない無声の声、そういうものだけに備わる抑揚や律動を創り出して、新たな意味の生産に寄与することもあるだろう。

話される言葉が、話されようとする意味のすべてを覆い尽さないのは、単に言葉が無力だからではない。二つのものの性質が、根本から違うからだ。話されてしまった言葉は、意味を限定し、判明にし、動かない事実に仕立て上げる。だが、その言葉によって話されようとしている意味は、そうした事実とは異なっている。それは、絶え間なく動き、新しくなり、話す人の心や命と共に持続している。この運動の写し絵となるには、話される言葉は、やはり大変お粗末なものに違いない。しかし、ふたつの間を架橋する独特の方法なら、大昔から在る。おそらく、言語の起源から在るだろう。

書かれる言葉は、話される言葉の写し絵であることをやめた時、新しい運動を得て、黙って読む人たちの心中で響く。話される言葉は、伝えられようとする意味の写し絵であることをやめた時、その声の、他に置き換えられない抑揚や律動から、それまでどこにもなかった意味を新たに創り出すことがある。

こうしたことは、軽々しく言葉を信じて、その結果、かえって頑迷な、死んだ観念の虜になってしまった者にはわからない。生きて、動き、意味を生み出す学問を、ほんとうに、自分のために得ようとするならば、人はまず、言葉への軽信を徹底して捨ててみなくてはならない。捨てて、深所からの言葉の蘇りに、起死回生する言葉の努力に、一身を投じる覚悟が、まず要るのだ。「書は言を尽くさず、言は意を尽くさず」という『易経』の警句は、ほんとうはそのことを示唆しているのだろう。

†「最上至極宇宙第一」の本を読む

「論文」を主たる表現とする西洋起源の学問に対し、吉川幸次郎は、訓詁注釈を旨とする東洋式学問の価値を、実例に即して、いろいろに説いている。訓詁注釈ばかりに終始する学問は、近代を通過した私たちには、何だか馬鹿げたものに、進取の気性や批判精神を欠いた頑迷なものに映る。しかし、そういう見方は、人間の精神が働くあらゆる領域に、自然科学のような進歩があることを、わけもなく信じるという、別の頑迷さからくる。

たとえば、『論語』に勝る智慧は、人間のなかには生まれようがない、とする考え方だってある。そう考える人にとっては、『論語』の訓詁注釈に明け暮れることは、生涯を賭して悔いない叡智の学問だろう。なぜ、そんな考えを持つ人が、次から次へと出て来るのか。『論語』の不思議はそこにあり、その不思議に出会うことができるのは、無私な愛読を行なえる人だけである。また、その不思議が愛読のうちに明視できる人の烈しい喜びを、生きることへの確固とした信念を、どんな理屈も奪い取れはしない。

江戸時代前期に、伊藤仁斎(一六二七〜一七〇五)という、京都の町中で私塾を営んで、独立独歩の道を歩いた儒学者がいた。この人の学問は、『論語』『孟子』の徹底した愛読に尽きると言ってもいい。どれくらい徹底していたかというと、たとえば自著『論語古義』の草稿と見られる文章の冒頭に、『論語』を指して「最上至極宇宙第一」と書いては消し、消しては書くくらい（私はその草稿を見たわけではないが）徹底していた。書いたり消したりするのは、不徹底ではないかと思われそうだが、信じる心が誰よりも烈しく、深いからこそ、こんなことを書いていいものかと、恐れ、迷うのである。

書いて嗤《わら》われてしまえば、『論語』に申し開きが立たぬ、しかし、まずこの言葉を書かずには、自分自身による注釈というものを、始めるわけにはいかない。私が『論語』を読むのは、とにもかくにもこのような信念からだと、まず言っておきたい。その信から来る称賛を読者と共有してからでなければ、『論語』については何ひとつ書きたくない、そういう気持ちがあるのだろう。

それにしても、「最上至極宇宙第一」は、悪くすれば失笑をかう言葉である。伊藤仁斎という一途な『論語』愛読者は、こういった虚仮《こけ》おどしの口振りを、もともと好む人ではなかった。むしろ、大いに嫌った。宇宙の理がどうのこうのといった偉そうな理屈は、『論語』のどこにも書いていない。仁斎の著作には、そういう議論調の口振りも混じるが、当時の儒学者としては、やむを得ない付き合いだったのだろう。

では、「最上至極宇宙第一」の言葉を、書いては消した仁斎の本心はどこにあったか。こんな言葉を使ったところで、『論語』という、学ぶにも行なうにも易《やす》いこの窮極の本を褒める言葉には、とうてい足りない。余りにも足りないのだと感じる自分の心を、どうしようもない。そんな気持ちだったのではないか。

†伊藤仁斎『童子問』

その仁斎に、『童子問』という問答体の本がある。元禄六年、六十七歳の時に、ほぼ書き終わっていたようだが、それから七十九歳で没するまで、推敲を続けた。刊行は死後二年経ってからである。題名が示すように、これは塾に学ぶ子供の質問に先生が答える、という体裁を採って書かれた本で、著者は手引書のつもりだったのだろう。その手引書にこれほどの年月をかけ、ついに出版には到らず死んだ。江戸時代の私学の英傑には、まったく恐ろしい人がいる。

『論語』を「最上至極宇宙第一」の書と讃える言葉は、『童子問』の本文では消されることなく、よく使われている。問答形式の自由さがあるためだろう。たとえば、「巻の上」

の「第五章」に「論語の一書、実に最上至極宇宙第一《さいじようしごくうちゆうだいいち》の書と為《し》て、孔子の聖、生民《せいみん》以来未《いま》だ嘗《かつ》て有らずして、堯舜に賢《まさ》れること遠しと為《す》る所以《ゆえん》の者は、此《これ》を以てなり」とある（引用は清水茂校注、岩波文庫版による。以下同じ）。要するに、孔子の『論語』よりも優れた書物はどこにもなく、「聖人」として語り継がれる中国古代の王たち、堯《ぎよう》や舜《しゆん》が遺した聖典（「六経《りくけい》」と総称される）をはるかに抜く、と言うわけだ。

『論語』の何が、「宇宙第一」とされるほど素晴らしいのか。この書物は、まず何と言っても読み易い。仁斎の言葉では、「知り易く行い易く平正親切なる」語でもって書かれている。だからこそ、学問でもしようかという程の者は、皆これを軽んじている。そうやって、わけのわからない本ばかりを読みたがる。「知り難く行い難く高遠及ぶべからざるの説」と見えるものに飛びついたりしている。だが、そのような言葉で書かれた思想は、「異端邪説」を成して、人心を腐らせるものにほかならぬ。

最高の智慧は、知り易く、行ない易いものだ。といって、浅薄なものでも、簡単なものでもない、「宇宙第一」と言えるほど深長な意味に満ちていて、説き尽くすことができない。そんな書物がここにあるのだ、仁斎は「童子」にそう教えるのである。それは、『論語』をいまだ信じ切れず、肚も据わらず、偉そうに比較の論を為したがるすべての門人に対して言っているのだろう。

それにしても、学問をしようとする人間は、なぜ、わけのわからぬ、新奇高遠な議論に、「異端邪説」に惹かれる傾向が、これほどもあるのだろうか。童子のこの疑問に対する師の答は、実に簡明なものだ。師、仁斎は言う。「高きに居《お》る者は卑《ひく》きを視《み》る。故に其の言《げん》卑《ひく》からざるを得ず、卑《ひく》きに居《お》る者は高きを視《み》る。故に其の言高からざることを得ず。自然の符《ふ》なり」(「巻の上」、「第十章」)と。

高い考えにすでに達している者は、そこから日常を視て、暮らしのなかに降りて行く。降りて行って、どんな人にも通じる言葉をもって語ろうとする。自分が語るとは、そういうこと以外にないと知っている。反対に、低い考えに迷い、暗所をうろついている者は、高いところを見上げてばかりいる。したがって、彼の言葉は、いきおい難解になり、奇を衒《てら》って高遠になる。こういうことを、逆説と言うには及ばない。ごくあたりまえの成り行きだと、仁斎先生は説くのである。

続けて言う。「是の故に道徳盛《どうとくさかん》なるときは、則ち議論卑《ひく》く、道徳衰うるときは、則ち議論高し」。ここで言われる「道徳」とは、ああするな、こうするなという世の説教のことではない、人が自然の働きに従って素直に生きる、その生き方、心の在り方のことである。

それが溌剌《はつらつ》として安らかな時には、人はつまらぬ議論をしない。言葉遣いは、わかり易く、穏やかである。そうした「道徳」が、停滞し、凝固し、人心の実《まこと》から遠ざかるに従い、人は小難しい議論をするようになる。何事にも理屈を述べ立て、その言葉遣いは、雲をつかむように偉そうな、大仰なものになる。

そういうわけだから、「道徳一分《いちぶ》衰《おとろ》うるときは、則ち議論一分《いちぶ》高し。道徳二分《にぶ》衰《おとろ》うるときは、則ち議論二分《にぶ》高し。道徳 愈《いよいよ》衰《おとろ》うるときは、則ち議論愈高し。議論 愈《いよいよ》高きに及んでや、道徳蔑如《べつじょ》たり」(同前)、という次第になる。「道徳蔑如《べつじょ》」とは、いかに生きるべきかを根本から見失っている、ということだ。私のように、大学の教師で長く生計を立て、芸もなく理屈で食ってきた者には、まことに耳の痛い話である。

議論高くして「道徳蔑如」たる例を、仁斎先生は、仏学や老荘思想、宋の国の儒学体系などに観ている。孔子、孟子の実際の教えは、あんなにわけのわからない、偉そうなものではない。それは、『論語』『孟子』の原文を熟読してみればわかることだ。特に『論語』の言葉は、「平易近情、意味親切」であって、まさにそのことが、身の内に得られた道徳の確かさ、強さを示している。

†「古義学」という新しい生き方

伊藤仁斎が世間に向けて掲げた「古義学」とは、どんな理論体系でもない、『論語』『孟子』の原文にどこまでも還ろうとする、ひとつの烈しい理想にほかならなかった。その理想を、愛読者の志と言ってもいい。愛読への尽きることのない信だと言ってもいい。それは、学問というよりは、愛読という行為の内で発明された、喜びに溢れる生き方そのものだった。

その仁斎も、若い頃は、幕府が官学として定めた宋、明の儒学体系を熱心に学んだ。南宋の朱熹《しゅき》、明の王守仁《おうしゅじん》らの議論高遠な注釈書を通じて『論語』も学んだ。すると、どうなったか。頭はいつも複雑な理屈で朦朧《もうろう》とし、物は視えず、庶人には解せない言葉を徒《いたずら》に操るような、役立たずの学者になった。そういう人間を、幕府の官学は、どれほど作り出したか。青年、仁斎もその一人だったのだろうが、彼が違うのは、自分がそういう者に過ぎないことを、突如として悟り、宋、明の注釈書を一切投げ棄てる決心をしたことである。

この決心には、同じ頃、フランスに生きていたデカルトと似たところがある。しかし、仁斎は、デカルトのように一切の書物を投げ棄てたりはしなかった。書物は棄てられるどころか、むしろ徹底して取り戻されたのである。仁斎が放り出した注釈書は、もはや彼にとっては、注釈を施される聖典と無関係な戯言《たわごと》の集まりだった。その時、『論語』『孟子』は息を吹き返し、「古義学」という新しい生き方が発明された。

ルネサンスの人文主義も実験科学も経験しなかった中国大陸の文明は、学ぶことの中心をいつも中国古代の書物に、古典に置いていた。したがって、学問と呼ばれるものは、古典の注釈に終始するほかない。日本がその影響下にあったことは、言うまでもないが、問題は、その注釈をどのような人間の業《わざ》として創り上げるかである。

仁斎が投げ棄てた宋、明の注釈学は、古代の聖典を材にとって構築された巨大な理論体系、途方もない形而上学だったと言える。古典の注釈と称しながら、それは古語を離れ、文章を離れ、ほしいままな哲理の開陳に終始している。むろん、その哲理が実のあるものならばいい。仁斎の目には、朱熹などが言い募る体系は、傲慢にして空疎な屁理屈の大建造物と映った。突如として、そう映ったのである。デカルトが中世のスコラ哲学に対して持った失望と大変似た感情を、仁斎は、朱熹の哲理に、そこから出た幕府公認の朱子学に抱いたのではないか。

しかし、そのあと、仁斎が向かったのは、デカルトの言う「世界という大きな書物」ではなかった。『論語』『孟子』に示された文章それ自体だった。とりわけ、『論語』はそうである。その言葉には、デカルトが観た「世界」よりも、はるかに大きな宇宙が、「平易近情、意味親切」な文の姿として在ったのだろう。

宇宙に窮まりがないように、『論語』の言葉にもまた窮まりがない。大形而上学の夢から覚醒した仁斎の注釈は、『論語』が示す古文の明白端的な姿に、まっすぐに向かった。その時、彼の内にあった爆発するような喜びを、努めて想像し、みずからも感じようとしてみるのは、現代の私たちにとっては、大変むずかしいことになっている。だが、生きる上での大事は、そういう努力にこそあるのではないか。

†学ぶのは、この〈私〉である

仁斎の『論語』注釈は、結果として大変独創的な仕事になった。しかし、仁斎には独創的であることなど、まったくどうでもいい話だっただろう。「平易近情、意味親切」な『論語』の本文に、彼はただ忠実であろうとしただけだろう。ただし、読むのはこの〈私〉である。私のこの気質、この性情、これを措いて『論語』の本文に入り込んでいくことはできない。『論語』に限らず、古典とは、そういう入り方しかできない本のことである。

独創を競って高遠になり、ほしいままの理で、ものごとを縦横に説く体《てい》の学問には、独創など何ひとつない。ありふれた、あまりにもありふれた自負や虚栄や慢心があるのみだ。そんなところから述べられる諸説は、好き勝手な理屈に過ぎないから、多種多様にはなっても、ほんとうの個性を持つことはできない。ほんとうの個性は、誰もが嫌でも負って生まれてくる気質、性情からしか育たないものである。

このような気質、性情は、何かを素直に、まっすぐに学ぼうとした時には、たちまち現われてくる。個性は、そこから育つ。だとすれば、学問をする時には、人は独創的たることを免れないということではないか。仁斎の古義学は、このことを如実に示すものとなった。だから、この儒学者の本は、とにかく面白いのである。私のような無学極まる素人を、一気に、どこまでも惹きつける魅力を持っている。その佇まいは、颯爽《さっそう》とし、万人に向けて自分を開いている。単にその理論構成を狙って、とやかく言っている批判などを寄せつけない。そうした批判には、結局のところ魅力も個性もなく、素人が読んで得するところは、ひとつもないからである。

『論語』の巻頭、「学而第一」で、孔子はこう言っている。

「子《し》の曰《のたま》わく、学びて時にこれを習う、亦《ま》た説《よろこ》ばしからずや。朋《とも》あり、遠方より来たる、亦た楽しからずや。人知らずして慍《うら》みず、亦た君子《くんし》ならずや」。

「習う」とは、繰り返し読むという意味だろう。それが楽しくてたまらない。読むのが楽しくてたまらないこと、学問の妙諦《みょうてい》はそこに極まる。また、そのように読む工夫をするのが、学問である。こういう工夫を重ねていると友が、同好の士が必ずできる。その友が、語らうために遠くから訪ねて来てくれる。それがまた、うれしいことだ。学問は、自分のためにする、誰から知られなくとも、一向に構わぬ、「君子」とはそういうものではないか。孔子は、『論語』の始めでそう言っているのである。

仁斎の学問、すなわち『論語』『孟子』の熟読は、ひたすらこういう教えの実践として為された。取り立てて言うような方法も、立場もない。読むのは、この〈私〉であって、ほかの誰でもない。私の身も心も、他人とは違うのであるから、どこかの学者と共通する方法や立場は、採用してみたところで役には立たない。そんな方法や立場による理詰めの注釈は、原文熟読の妨げになるだけである。「学びて時にこれを習う」、孔子が『論語』を読む者のために遺しておいてくれたようなこの言葉を、なぜ信じて行なわないのか。

†性道教

ところで、『論語』『孟子』『大学』『中庸』は、儒学の根本を成す聖典で、江戸時代はこれらを「四書」と呼んで、武家では子供のころから学んだ。その『中庸』のなかに、人が生きる上で大事なもの、欠くべからざるものを「性道教《せいどうきょう》」三つの順序で挙げる箇所がある。なぜ、この順序なのか。『童子問』で、その理由を詳しく説くところがあって、私には実に面白い。

「性」とは、人が天から授かって、自分がすでに持っているものである。この「性」がどうして一番先に置かれるのか。「性」は、「道」よりも、「教」よりも尊いのか、童子がそう問う。そうではないと、先生が答える。「性」は、どうにもならず、ひとりひとりが天から与えられた性質だ。これなしには、人は産まれもせず、生きてもいない。「性に率《したが》う之《これ》を道と謂《い》う」、また「性」を「離るべきは道に非ず」と『中庸』で書かれているのは、そのためである。

これは、まことに大切な教えではないか。「道」とは、人がそれぞれの居場所で為すべきことの規範だろう。友を信じ、親を大切にし、兄弟や家族を愛する。みな、「道」である。そうであるなら、「道」が私たちめいめいの性質、気質を、つまり「性」を離れてないことは、明らかだろう。「性」に「率《したが》う」ことを忘れれば、すべきことも、すべきではないことも決してわかりはしない。埒もない議論と押し付けと、思いつきの教えとがあるばかりだ。「性」は、「道」よりも「教」よりも尊いのではない。先に与えられていて、逃れることができないのである。逃れれば、空想に空想を重ねる嘘の人生しかない。

こうした事情は、職人のように、体を使ってする生業《なりわい》の人のほうがよく知っている。体を使う仕事は、百人百様、天与の「性」で為されるほかはない。これに早く気が付かなければ、一人前にはなれない。学問となると、違ってくる。知識、学識は、学ぶ者の「性」と、気質、天分と無関係に成り立つものだと信じて疑わない人が多くなる。そうすると、どんな結果を招くか。学問に「道」というものがなくなるのである。人はいかに生きるべきかを自身で問う力が、学問から消える。物事の邪正を、独力で根本から思考する忍耐がなくなってしまう。時流に乗じてものを言う癖ばかりが、世に幅を利かせるようになる。

仁斎は言う。春秋時代の諸子百家の説を見てみよ。実に勝手な議論に明け暮れている。「各《おのおの》其の道《みち》を以て道と為《し》て、性に循《したご》うと否《しから》ざるとを論ぜず、異端為《た》る所以《ゆえん》なり。苟《いや》しくも人の性に循《したご》うて、得て離《はな》るべからざるときは、則《すなわ》ち道為《た》り。否《しから》ざるときは則《すなわ》ち道に非《あら》ず」（『童子問』巻の上、第十四章）。「道」は「性」から、切り離しては成り立たない。どんなに偉そうなことを言い募ろうが、それを言う人の気質、天分とは無関係な理屈などは、結局、毒にも薬にもならず、意味がない、魅力もない。魅力のない道徳が、どうして人の心に入り込んで、その行動を導こうか。

「故《ゆえ》に聖人の道は、性を離れ独立《ひとりた》つに非《あら》ず、亦性より出《い》づと謂《い》うに非《あら》ず」（同前）。「性より出づ」とは、「性」の外に出て行ってしまうことである。「性」は人の内に在って、どこにも出て行かない、宙をさまよう理屈とは決して馴れ合えない。「性」に結びつき、それと切っても切れない仲となりうるものこそは、「道」である。

†人に学問はいらないのか？

「性」と「道」さえあるなら、人に学問はいらないのか、「教」はどうでもいいのか。「性」は「教」より尊いのか、と童子が問う。「然らず」と先生。『論語』が重んじてもっぱら説くものは、むしろ「教」である。「道」は、そのなかにあると。なぜか。「性」ばかりを言って、「教」を、つまり学問を軽んじる者は、「性」を尽くすことができない、世のため、人のために「性」を用いることができずに終わる。仁斎の言い方では、こうである。

「人皆《ひとみな》性有り。性皆《みな》善なり。然《しか》れども学以て之を充《み》つるときは、則ち君子為《た》り。之を充《み》つること能《あた》わざるときは、則《すなわ》ち衆人のみ。性の恃《たの》むべからざることや此《かく》の如し」（同、第十七章）。「性」は、みな善いもの、それ自体で受け容れられるべきものだが、ただそれだけのことに過ぎない。それだけのことに過ぎないものを、もったいぶって厳めしく言うことはないのだ。大事なのは、「性」を養う「教」のほうである。孔子も言っている。「性は相《あい》近《ちか》し、習《なら》えば相遠《あいとお》し」（『論語』陽貨第十七）と。

孔子は、当たり前なことを言っているようだが、なかなかにそうではない。気質、天分がありのままに受け容れられなければ、学問はない。しかし、その気質、天分に明確な形を与え、勝れてこの世に現われさせるのは、学問である。「性」と「教」とは、車の両輪だと仁斎は言っている。陳腐な比喩だと言うまい。ふたつのものは、「相須《あいもち》いて相無《あいな》くんばあるべからず」（『童子問』巻の上、第十八章）ということを、言うに言えないその結びつきの深さ、微妙さを、一体どれだけの人間が肚に徹して知っているか。知ればその人は、すなわち「教」を修めた「君子」ということになるのだろう。

「教」を修めるとは、「文」の習いに熟することである。つまり、書物を熟読することだ。「君子」は、「小人」が本を読む限界をはるかに超えて読み、「性」「教」の完全な一致にまで行く。仁斎が信じて生きた学問の要諦は、ここに尽きると言っていいだろう。その方法は、ただ愛読の道を一途に行くことだけだった。これは、行ない易くはあるが、決して安易な方法ではない。

孔子は、学問の「定法」として「文行忠信」の四つを言った（学而第一）。四つは、「文」の努力をさらに分割して教えたものだとも言える。学んで行ない、己を尽くして、人と実《み》のある交わりを結ぶ。これが「文行忠信」である。聞けば何でもない。だが、四つを共にして備え、それらをひとつの「学」として身に得ている人は、実に呆れるほど少ない。「学」に臨んでの「性」「教」の一致が、始めにないからである。仁斎は言っている。

「文を学ばざるときは、則ち其の智必ず偏《へん》なり。仏老《ぶつろう》〔禅と老荘思想〕の学是《これ》なり。力《つと》め行《おこな》わざるときは、則ち其の学自《おのずか》ら虚《きよ》なり。俗儒の学是《これ》なり。忠信《ちゆうしん》ならざるときは、則ち人道《じんどう》立たず。市井《しせい》の小人是《しようじんこれ》なり」。（同、第十九章）

禅や老荘思想は、読書を侮蔑して偏屈になり、変人奇人を装いたがる。反対に、本の解釈に明け暮れる俗流儒学の徒は、口先だけのインテリで何の役にも立たぬ。自分をごまかし、人を裏切って得したつもりの「市井の小人」は、人道を台無しにする。してみれば、「文行忠信」をひとつにして本を読むことは、人間にとってどれだけ大切なことか。「学者《がくしゃ》終身《しゅうしん》の業《ぎょう》」は、ここに窮まる、と仁斎は断言する。むろん「学者」とは、今日流の研究者のことではない。世の中でどんな立場に置かれていようとも、志を持って学び、学んで生きようとする者のことである。

†仁斎の「愛」

「忠」と「信」は、たしかに美徳である。「然《しか》れども学以て之を成さざるときは、則ち善と為《す》る足《た》らず。此れ亦学者の当《まさ》に慮《おもんぱかり》をつくすべき所なり」(『童子問』巻の上、第三十七章)。「忠」も「信」も、ただそれだけでは、危ういものでさえあるだろう。ふたつは、強ければ強いだけ「学」の支えを必ず求めるものである。

ここで学ぶとは、古代聖人の書物に直接あたってこれを熟読すること、力の限り読み抜くこと、これだけである。恐ろしく狭い学問があったものだと、笑ってはいけない。狭い対象を穿ち抜いた深さは、天地、宇宙の広さに到る。仁斎が、これこそ学問と信じたものは、このように烈しい行為であり、生き方だった。そこにある歓びや幸福を想ってみなくては、彼の思想はわからない。

学問を、読む行為を、このようなものとして生き切るには、それに必要な素質が求められる。精神に備わった態勢が要ると言ってもいいだろう。その態勢こそ、孔子が「仁」と呼んで、最も重視したものだ。仁斎の説き方は、そんなふうになってくる。「仁」の一字を、孔子が第一の「徳」とするのは、どうしてか。つまるところ、「仁」とは何であるのか。童子の問いに対する仁斎先生の答え方は、びっくりさせられるほど端的なものである。

「仁の徳為《た》る大なり。然《しか》れども一言以て之を蔽《おお》う。曰く、愛《あい》のみ」。(同、第三十九章)

魂の奥から吹きつけるようなこの一文に、現代語訳は不要と思われる。「仁」とは「愛」だと言えば、その一言ですべては語り尽くされる。仁斎によれば「愛」は、現実社会のなかでいろいろな形をとって現われる。「君臣」の間にあっては「義《ぎ》」として、父子の間にあっては「親《しん》」として、夫婦の間にあっては相異なる性質の「別《べつ》」として、兄弟の間にあっては順位に従う「叙《じょ》」として、朋友の間にあっては相互の「信《しん》」として。これらは「皆愛より出《い》づ。蓋《けだ》し愛は実心《じつしん》に出づ」。したがって、「義」「親」「別」「叙」「信」の五つは、

「愛よりして出《い》づるときは則ち実為《じつた》り、愛よりして出でざるときは則ち偽《いつわり》のみ」（同前）。

五つの徳は、時が移り、場所が違えば、さまざまに形を変えることもあろう、しかし、「実心」たる「愛」は、決して変わらない。変わらない「愛」から現われた振る舞いだけが、絶えず己を新しくし、人の世を安らかにして、喜びをもたらす。「故に君子慈愛の徳より大《だい》なるは莫《な》し、残忍刻薄《ざんにんこくはく》の心より戚《いた》ましきは莫《な》し」。これもまた、現代語訳を何ら必要としていない文だろう。日々を生きる今の私たちの心に、そのまま響く。「君子」とは、常人離れのした偉そうな人のことではない、すべての振る舞いが「愛よりして出づる」人のことである。

残忍刻薄の心

こういう人は、今も昔もなくてはならない人のはずだ。しかし、なかなかいない。「仁」を身に得ることは、まことに難しい。なぜなのか。ここでも、仁斎の答は端的なものである。余計な理屈が世を風靡《ふうび》し、人心を支配しているからだ。「仁」という明々白々の徳を、持ってまわった大がかりの理屈で説き続ける者たちがいて、これが偽の権威を作り上げ、権勢を振るい、当たり前に生活する人たちの視界を遮ってしまう。『論語』『孟子』が、読まれるための場を台無しにしている。「論語読みの論語知らず」という昔からの諺は、幕府公認の「官学」に侵された「俗儒」への世間の見方を、まことによく言い表している。「性」「道」「教」の一致は、学問を行なう上で欠くべからざるものだが、この一致を可能にさせる「徳」は「仁」を措いてほかにない。「仁」という土台を持たない学問は、どんなに壮大な理を窮めていようと、「残忍刻薄《ざんにんこくはく》の心」に付け入られる。そのような心根《こころね》が権勢を振るうための格好の道具とされてしまうのである。

仁斎は、宋の朱熹が築き上げた「窮理」の学に、またその影響で成る日本の朱子学に、そうした心根を見ていた。「仁」よりも、「性」「道」「教」の一致よりも、「窮理」を第一に重んずる学問の奥には、「残忍刻薄の心」が魔物のようにひそんでいて、学ぶ者の何もかもを次第に呑み込んでしまう。

私は、江戸時代の呑気な話をしているのではない。本による学問が「仁」を失って「理」に淫し、空疎にして解し難い文字で頭をいっぱいにした「残忍刻薄の心」が、偉そうに闊歩しているのは、今の世でも同じことだ。いや、この傾向はいよいよ複雑化し、強固になり、危険の度を増していると確実に言える。伊藤仁斎の『童子問』は、現在にあってこそ読まれるべき古典ではないのか。

†愛のない学問は、人心を損なう

「仁」とは、「人を愛す」ことだと孔子は言った（『論語』顔淵第十二）。何と身近な、知りやすい言葉ではないか、と仁斎は言う。にもかかわらず、こういう言葉が解されることなく、儒学がどこまでも難しくなっていくのは、どうしたわけか。学ぶ者が、「仁」を棄てているからだろう。説いているつもりで、棄てている。「苟《いや》しくも理を以て仁を求《もと》めば、愈《いよいよ》遠くして愈知り難からん」（『童子問』巻の上、第四十一章）。こうして、学問は魅力を失う、人を生き生きとさせる力を失う。ただ人心を支配する重石《おもし》となってのさばる。

これに対し、仁者の「慈愛《じあい》の心」は、「内より外に及び、至《いた》らずという所無く、達せずという所無《の》うして、一毫残忍刻薄《いちごうざんにんこくはく》の心無き、正に之を仁と謂う」（同、第四十三章）。「仁」の心は、内から外に拡がる、人から人へ、人の集まりから、別の集まりへと拡がって、どこまでも進む。しかし、それは現在の人間関係だけではない。時間を貫く縦の系譜に対しても、「仁」は働き、活気づかせる。古人は、無数の死者たちは、そうなることをいつも待っている。アランが言うように、死者たちもまた生者のために祈っているのなら、どうしてそうでないことがあるだろう。

「此《これ》に存して彼《か》れに行《おこな》われざるは、仁に非《あら》ず。一人に施《ほどこ》して、十人に及ばざるは、仁に非ず。瞬息《しゅんそく》に存《そん》し、夢寐《むび》に通《つう》じ、心《こころ》、愛《あい》を離れず、愛《あい》、心《こころ》に全《まつた》く、打って一片《いっぺん》と成る、正に是れ仁。故に徳は人を愛するより大《だい》なるは莫《な》く、物を忮《そこな》うより不善なるは莫《な》し」。

(同前)

したがって、「仁」と呼ばれる愛は、何かについての愛ではない。人の心にいつも充満して、止むことのない慈しみ、感謝、祈り、その他、どのように言っても足りない何かである。それは、宇宙と同じ拡がりを持っている。

そのような「愛」を、孔子は学問の根本とした。仁斎は言う。「故に仁とは、道徳の大《だい》本《ほん》、学問の極致《きょくち》、天下の善、此《これ》に過《す》ぎたるは莫《な》し」(同、第四十四章)と。すぐに童子が応えて言う。「諾《だく》」。教育というものの完全に成り立つ瞬間が、簡潔極まる筆致で、ここに描き出されている。プラトンの対話篇に何ら劣るものではない。

愛のない学問は、何ものにも達せず、むしろ人心を損なう。驚いた断言ではないか。現代の学者は、こういう断言を嗤《わら》うかもしれないが、嗤う人間は、仁斎の時代にもたくさんいたのである。「窮理」をこととして江戸期を風靡した朱子学は、「仁」を「理」の飾り物のようにしか見ないから、なおさらだろう。まして、その「仁」の実体は、「愛」それ自体だと断言してはばからない仁斎の立場は、孤独だったに違いない。

だが、そんな時流、趨勢が一体何であろうか。自分の背後には、孔子、孟子がはっきりと立っている、彼はそう信じて、草莽《そうもう》の私学を生き通した。それが、古典を読む喜びに溢れた彼の生き方だった。愛読の「極致」が、ここにある。

感極まったかのように、童子が問いかける。「仁は畢竟《ひつきよう》愛に止《とど》まるか」。先生が即答する。「畢竟愛に止《とど》まる。愛は実徳《じつとく》なり。愛に非《あら》ざるときは則ち以て其の徳を見ること無し。苟《いや》しくも一毫残忍刻薄《いちごうざんにんこくはく》伎害《がい》の心有るときは、すなわち仁為《た》ることを得ず」と（同、第四十五章）。

仁斎が、高遠ぶった「窮理」の学をあくまでも嫌うのは、それが人の生命を害し、蝕む残酷さを持つからだ。そういう学問には、愛もなく、信も敬意もなく、自律した喜びもない。これが天下に横行する時、滅ぶのは学の心だけではない、人間そのものであろう。学ぶ者が、そこを抜け出すにはどうすればいいか。簡単なことだと、仁斎は信じる。『論語』『孟子』の原典愛読、このひと筋の道を、独りどこまでも行けばいいのである。

第四章 愛読に生きよ

本居宣長六十一歳自画自賛像（本居宣長記念館所蔵）

†字義を忘れる道

伊藤仁斎の代表的な著作は、『論語古義』『語孟字義』の二著である。これらは、江戸期に出現した「読書の学」の最初の精華と言っていい作品だが、通常の意味での「字義」の注釈をはるかに超える力を持っていた。なぜか。字義の詮索と理によって為される拡大解釈とに明け暮れる凡百の注釈家とは、そもそも出発点が異なっていたからである。『語孟字義』という題名とは裏腹に、仁斎が独り突き進んだ道は、「言はば字義を忘れる道」であった。こう看破しているのは、文芸批評家、小林秀雄（一九〇二〜一九八三）の大著『本居宣長』（一九七七、新潮社）である。

「字義」を忘れてどうするのか。文の彼方にあって生動する、孔子、孟子という〈人間〉の内に直接入り込むのである。小林秀雄の言い方を聞いてみようか。

「仁斎が気付いたのは、『語孟』といふ学問の与件は、もともと学説といふやうなものではなく、研究にはまことに厄介な孔孟といふ人格の事実に他ならぬといふ事であつた。さう気付いた時、彼は、『独リ語孟ノ正文有テ、未ダ宋儒ノ註脚有ラザル国』『古学先生文集』巻の五、同志会筆記」に在つたであらう。こゝで起つた事を、彼は、『熟読精思』とか、『熟読玩味』とか、『体験』とか『体玩』とか、いろいろに言つてみてゐるのである」。（『本居宣長』十）

このような意味で、仁斎の学問は、徹底した「私学」だった。卓然として自立し、己と『論語』『孟子』との間には、何ものも置くことのない一個の生き方、それがすなわち学問だった。「熟読精思」、「熟読玩味」……どれもみな愛読という行為の極みを表わす言葉である。これに勝る学問はなく、また己の生き方もない。宋の儒学、むやみに膨大なその「註脚」を、三十歳の頃に脱して以降、仁斎は、はっきりとそう思い定めていたのだろう。仁斎の主著『論語古義』の「総論」を引きながら、小林秀雄は次のようにも書いている。実にいい文章なので、ぜひ丁寧に読んでもらいたい。

「〔……〕仁斎の心眼に映じてゐたものは、『其ノ言ハ至正至当、徹上徹下、一字ヲ増サバ則チ余リ有リ、一字ヲ減ズレバ則チ足ラズ』といふ『論語』の姿であつた。『道ハ此《ココ》ニ至ツテ尽キ、学ハ此ニ至ツテ極ル』ところまで行きついた、孔子といふ人の表現の具体的な姿であつた。この姿は動かす事が出来ない。分析によつて何かに還元できるものでもなく、解釈次第でその代用物が見付かるものでもない。こちらの側の力でどうにもならぬ姿なら、これを『其ノ謦欬《ケイガイ》ヲ承《ウ》クルガ如ク、其ノ肺腑ヲ視ルガ如ク』といふところまで、見て見抜き、『手ノ之ヲ舞ヒ、足ノ之ヲ踏ムコトヲ知ラズ』と、こちらが相手に動かされる道を行く他はないのである」。（同前）

本によって自分を超え、場合によっては著者をも超えていく道とは、こういうものなのだろう。だが、著者は、自分は、その時どこにいるのか。もはや、そう呼ばれる区別はないのかも知れない。在るのは、ただ言葉の糸を通して振動し合う、唯ひとつになった宇宙大の魂なのかも知れない。『論語』をもって「最上至極宇宙第一」の書とする仁斎のあの評語は、そうした「体験」、「体玩」から出る自然な独白だったと言ってもいい。愛読という行為の内では、そんなことも起こり得る。仁斎の学問が示しているのは、生涯をかけて生きられた一個の事件であった。

†仁斎から徂徠へ

このようなことを「体験」する人は、確かに多くはない。しかし、それはまた、すべての人に向かって開かれた身ひとつの出来事でもあるだろう。閉じられているのは、宋儒、朱子学の膨大な「註脚」ではないか。特定のある人が、身ひとつで生きたこのような「体験」は、飛び火してほかの誰かに移る。移りうるものとして、燃え続ける。

伊藤仁斎より三十九歳も年下の儒学者、荻生徂徠（一六六六〜一七二八）は、三十代の半ばになり、仁斎の『大学定本』と『語孟字義』の二書を読んで、魂が震えるような感動を受ける。まさしく心の火が、燃え移ったのである。その徂徠が、仁斎に宛てた手紙のなかに書いている。先生の二書を見るに及んで、これまで学んだことのすべては覆る思いがする、「先生真《マサ》ニ時流ヲ踰《コ》ユルコト万万ナリト」。また言う。「嗚呼《アア》茫茫《バウバウ》タル海内、豪杰幾《ガウケツイク》何《バク》ゾ、一ニ心ニ当タル亡シ、而シテ独リ先生ニ郷《ムカ》フ」（『徂徠集』巻二十七、「伊仁斎ニ与フ」）。

宋儒を棄て、朱子学の議論など敢然黙殺して立つ先生は、まさに海内唯独《ただひと》りの「豪杰《ガウケツ》」である。その先生に、自分は独り向かうのだと、青年、徂徠は書き送るのである。「山川千里、頼ル所ハ斯《コ》ノ文ニシテ、気脈流通ス」（同前）と。仁斎の著書は、これほどの読者を生み出した。それは著者自身が、徂徠と同じ性質の心の火を燃え上がらせて、原典を読み抜いたからだろう。天地の間に唯独《ただひと》り在る人のように、原典に向かい、それを読み抜いた。そんな人間は、何よりも「豪杰《ガウケツ》」と呼ぶのがふさわしい、というわけだ。

死を目前にした仁斎は、この手紙を見て、どう思ったか。返書は認《したた》めなかったようだが、もしも読んでいれば、心を動かされなかったはずはあるまい。仁斎の『童子問』「巻の下、第四十二章」にも、「豪傑」という言葉は出てくる。それを見てみようか。

童子が問う。「今時《きんじ》の学者《がくしゃ》、何ぞ聖学《せいがく》に志す者の少《すくの》うして、雑学《ざつがく》を好む者の多きや」。先生が答える。「豪傑《ごうけつ》なる者は少《すくの》うして、庸材なる者は多し。古今皆然り」と。「聖学」とは、孔子、孟子の原典に立ち向かう愛読の学を措いてほかにない。「雑学」とは、文字通り雑多な知識、情報を集める小才《こさい》の利いた学問のことだろう。敢然として「聖学」を行なうには、「豪傑」たることを要する。「雑学」に振り回されて生きるには、いかに生きるべきかを問わない「庸材」、すなわち凡人であれば足りる。この事情は、古今変わりない。

仁斎先生は、これを鷹が鶴を襲う話で説いている。「鷹《たか》の捷《さと》き者は必《かなら》ず先《ま》ず鶴《つる》の最《もっと》も大《だい》なる者を撃《う》つ」。愚鈍な、臆病な鷹はどうするか。「必ず鶴《つる》の小《しょう》なる者を見て之を撃《う》つ」。やっつけるのに手間のかからない、自分の身に危険のないほうから攻める。

これは、学問の話である。孔子、孟子の原典は「大なる者」だ。凡百の注釈は「小なる者」であって、こっちは学んでも「雑学」の対象にしかならない。にもかかわらず、学者がその道の初心者に求めることは、必ず「小なる」対象を選ぶことである。そうやって、専門家流の議論の世界に引き入れようとする。膨大にして些末な、しかし、いかに生きるか、だけは決して問わない学問研究の始まりである。そうやって、人は専門学者になる。実に詰まらぬことではないか。

なぜ、自分が信じる原典に直接向かわないのか。後世の注釈家、理論家たちが何を言っているかが、どうしてそんなに気になるのか。尊敬するわけでもない彼らを、なぜそうも恐れるのか。省みれば、答は簡単なところにあるだろう。身ひとつの愛読に生きる喜び、勇気、そして愛を棄てているからである。「仁は畢竟《ひつきょう》愛に止《とど》まる」。この「仁」なくして、学問というものはない。

†影響を受けるということ

仁斎の「私学」が対抗したのは、幕府が布《し》いた「官学」ばかりではない。彼は、身ひとつの愛読を棄てたあらゆる学問を峻拒《しゅんきょ》した。当然なことだが、仁斎は、自分が生きる愛読の方法というものに、余人の想像を超えた自信を育てていたから、『論語』『孟子』の原典にある「古義」は、まさに何千年の時を経て、自分の内に蘇ったと静かに信じていた。むろん、これらの二書は古いが故に尊いのではない、「宇宙」に開いた普遍の価値によって尊いのである。ただ、その価値をつかむには、「豪傑」たることを要した。青年、徂徠が、電流でも通されたように、仁斎から受け継いだものは、一挙に「大《だい》なる者」を撃つこの「豪傑」の心にほかならない。若い徂徠が、仁斎に宛てた手紙には、それを書いた人自身の自己発見の喜びで溢れている。学問をして生きるとは何か、この自分が一身をもって考えるとは何かを、突如として会得した若者の興奮が爆発している。

誰から誰への「影響」という言葉を、世人は軽々しく使い過ぎている。学者の議論でも、世間話でも。この言葉は、もっと稀有な出来事のために取っておいたほうがいい。「影響」とは、ちょっと惹かれて、真似してみたりすることではない。何かとひとつになって、それまでの自分が消えることである。消えて、言うに言えない一種の振動だけが、新しくなった自分を満たしている、そういう経験をすることだ。

徂徠から仁斎への影響は、そんなふうにして起こった。京都の堀川塾で門弟三千人を集めると言われた仁斎に、徂徠ほど真っ直ぐな影響を受けた弟子が生まれたかどうか。徂徠は、仁斎の弟子などではなかった。ただもう、徹底した愛読者だったのである。その愛読者が「先生」と呼びかける言葉には、万感溢れる感謝がある。「与伊仁斎」と題する書簡の迸《ほとばし》るような一文を読んで、誰がそれを感じずにいられるだろうか。

後の徂徠は、仁斎の「古義学」に対して、「古文辞学」を唱えた。仁斎の『論語古義』に対して、『論語徴』を書いた。「先生」に向けて、次の時代の儒学者としていろいろな異論も反発もあり、もしかすると自分への無視に対する反感もあっただろう。しかし、そんなものより、ふたりの間にはっきりと観られる、動かすことのできない精神の類似《アナロジー》のほうが、はるかに大事である。

その類似を、若い徂徠は「豪杰《ガウケツ》」の心と呼んだ。彼の言う「豪杰」とは何だったか。信ずる古典を熟読静思し、やがて「手ノ之ヲ舞ヒ、足ノ之ヲ踏ムコトヲ知ラズ」というような、沸騰する愛読の極致へと独り往く者のことを言う。徂徠は、『論語』をそういう書物として、仁斎から直《じか》に手渡されたのである。

†古文辞学

荻生徂徠もまた、江戸期の学問界を支配した宋学、朱子学を、原典愛読の道ひと筋によって打ち破ろうとした「豪杰」だった。徂徠が最も重んじた原典は、古代中国の七人の

「先王」たち、堯、舜、禹（夏王朝の創始者）、湯（殷王朝の創始者）、文王（殷末の周の王。武王の父）、武王（周王朝の創始者）、周公が政治に用い、遺した『詩経』『書経』『礼記』『楽経』『易経』『春秋』のいわゆる「六経《りくけい》」であった。これら七人の先王に、徂徠は「聖人」と呼ばれる絶対的な精神の特権を与える。「六経」を選定、編纂し、聖典として広めた孔子は、王ではなかったが、その功績によって特別に八人目の「聖人」とされた。「聖人」は、この八人であり、他にはいない。いると考えてはならない。勉強して、人格を磨けば誰でも「聖人」になれる、という俗流儒学の解釈を、徂徠は徹底して排した。徂徠のこの態度は、「六経」が示す「古文辞」への絶対の尊崇から来るし、その尊崇は、「古文辞」をめぐっての、ほとんど常軌を逸した恐るべき愛読から来ている。

つまり、徂徠にとっての「最上至極宇宙第一」の言語は、七聖人から伝わる「古文辞」のなかにまず在った。このような言語は、聖人にのみ可能なものであり、聖人ならざる人間は、君子も小人も、ただこれに従って生きていけばいいだけである。「六経」によって生を整え、国にあっては優れた政治を行ない、人にあっては幸福な暮らしを立てていけばいい。それを可能にさせる規範を、七聖人は、まさに言語の秩序によって、作為された言辞の道によって、初めに与えておいた、というわけである。

一見、驚いた極論と映るが、「古文辞」への徂徠の異様な通暁は、ついにその極論を、いたって端正な、抗し難い魅力を持つ言語の学に結実させていった。そういうわけだから、徂徠の「古文辞学」とは、何よりも聖人の「古文辞」を、そのままの姿で、常軌を逸するまで、ただひたすら愛読し続ける学問だったとも言える。その成果の傑出したさまは、『弁名』『弁道』の二著に歴然と表われている。この二著は、他のどんな儒学者の議論をも圧倒して、今も聳《そび》えているのである。

†文字だけに見入る

徂徠は、三十一歳の時に、五代将軍、徳川綱吉の側用人《そばようにん》、柳沢保明（後に、吉保）に十五人扶持で抱えられ、それをきっかけとして、将軍近くで儒学の経典を講ずる立場となった。その頃の経験を最晩年に回顧して、彼が『徂徠先生答問書』のなかに記した言葉には、「古文辞学」の極意が洩らされている。この『答問書』は、『弁名』『弁道』を、これから読もうかという初学者のために、一種の手引書として書簡体で書かれたものだが、生涯の終わり近くにいる人の悠々たる述懐の調子が混じっているようで、独特の面白さがある。「愚老の懺悔物語」をここに申して進ぜよう、「愚老が経学《けいがく》」の成ったのは、将軍、徳川綱吉公から或る面倒な勤めを命じられたおかげである、そう言って、徂徠はこんな打ち明け話をする（『答問書』下）。その勤めとは、綱吉の「御小姓衆《おこしょうしゅう》」に『論語』『孟子』『大学』『中庸』の「四書」、それに『詩経』『書経』『礼記』『易経』『春秋』の「五経」を、素読をさせることであった。夏の暑い盛りに、御小姓と自分とが、二人で向き合って座る。御小姓が読むのを、こちらは聞いて、時々注意を与えるばかりだ。

お安い御用のようだが、「毎日明六時《アケムツドキ》より夜の四時《ヨツドキ》迄之事ニて、食事之間・大小用之間」しか座をはずせないとなると、大変なことになる。「明六時《アケムツドキ》」とは、朝の六時頃、「夜の四時《ヨツドキ》」とは午後十時頃だろう。これは、なかなかの苦役である。「後ニハ疲果《つかれはて》、吟味之心もなくなり行《ゆき》」、読む人もただ口にまかせて読むだけとなる。ただ、ぼんやり本に眺め入っていると、意識は朦朧としてきて、御小姓が頁を繰っても、自分は繰らず、ついには読む人、吟味する人「別々」となる始末である。

そんなありさまの吟味役だから、「本文計《ほんぶんばかり》を年月《ねんげつ》久敷《ひさしく》詠暮《ながめくら》し候」という次第になった。そこからの言葉がいい。「如此《かくのごとく》注をもはなれ本文計《ほんぶんばかり》を、見るともなく読《よむ》ともなく、うつらうつらと見《み》居《おり》候《そうろう》内《うち》に、あそこここに疑《うたがい》共《ども》出来《しゅったい》いたし、是《これ》を種《たね》といたし、只今《ただいま》ハ経学《けいがく》ハ大形《おおかた》如此物《かくのごときもの》と申事《もうすこと》合点《がてん》参《まいり》候《そうろう》事《こと》に候」。

御小姓衆の素読吟味役という苦役が、ついにわが経学の大基盤となった。見るともなく、読むともなく、放心の内に、本文の文字だけに見入る、この経験が「古文辞学」の成立を促したというのである。これは、一切の意味を離れて文字に見入る、という経験だろう。離れるべきその〈意味〉は、どこにあったか。朱子学が押し付けてくる注釈の言葉に、理の体系にあった。しかし、それだけでもない。文字を読み、読む端からおのずと文字を押しのけて居座るあらゆる意味、観念をも、自分の心から去って、年月久しく四書五経を読むはめとなった。徂徠は、決して冗談を言っているのではない。

なるほど、人がこんな経験をすること、めったになかろう。このような読書から「あそここに」生じた疑いとは、あれこれの語の解釈に関する疑いではあるまい。そういうものは、新たな議論を誘うだけだ。疑いは、むしろ浮かんでくるあらゆる解釈に対して、深く抵抗してくる文字の姿のほうから次々にやって来た、そう考えるべきではないか。その姿を前に、一切の議論は愚かしいものとなったのである。

†意味を離れてみよ

この回想談、「愚老の懺悔物語」は、初学者に向かって述べられたものなのだから、自分ひとりの個性ある経験として自慢げに披露されているのではない。経学の秘訣は、まさにかくのごときもの、という信念のもとに語られている。後世の注に頼った読解は、早く意味がわかって、便利なようだが、そこには「自己の発明」というものがない。そういうものは、永久にやって来ることなく終わるだろう。代わりに来るのは、退屈極まる議論の山だ。

しかし、「懺悔物語」と言うからには、皆このようにせよ、という単なる教えでもないだろう。見るともなく、読むともなく、うつらうつらと本は読め、と言っているのではない。ただの放心は、何でもない。付け加えて、徂徠は言っている。「但し愚老は博《ひろ》く書を見置候故、右之ことく経書之本文計《ばかり》を詠《よみ》候て会得《えとく》致し申候」。但し書きが付くのである。自分はいろいろな書を博く読んでいたから、こういう経験も成り立ったと。いろいろな書とは、儒学以外の書物のことを指すのだろう。そのような書物に博く親しんでいないと、「いつ迄も朱注ニて御覧なれ候旧見はなれ申間敷《もうすまじく》候」ということになる。朱子学の旧見、儒学者同士でだけ通用するあの煩瑣な議論のやりとり、ここから自由になるのに儒学以外の書物は役に立つ。「無用之用」とでも言うべきものが、そこにはある。

そうには、違いなかろう。初学者が、いきなり、「見るともなく読《よむ》ともなく、うつらうつらと見居候」をやったのでは、「自己の発明」には行き着くまい。それは確かだが、それでもやはり、徂徠の経験は、確実に起こったものだと言うしかない。彼の性質、天分を狙って、どこか遠いところからやって来た、正しい経験だったと考えるほかないのである。

肝心なのは、いろいろな書を博く読むことでも、うつらうつらと放心することでもない。〈意味〉なるものを離れて、本文を熟視することである。ここにこそ「経学」の秘訣が、極意があると、徂徠は言いたい。経学に就く者すべてに求められる窮極の態度が。なぜか。聖人の「古文辞」が、そのようなものとして初めに在るからだ。

徂徠の信念では、聖人とは言語の働きによって、混沌たるこの世界に始原の秩序を、「道」を敷いた人たちのことである。だから、「道」とは、そのまま聖人の「古文辞」を指すものと考えなくてはならない。聖人の「古文辞」は、「天下国家を修《おさめ》候仕様」を直接に示した「道」なのだ。言語の働きから、このような「道」を作為した人たちこそが聖人なのであって、彼らは、たったの七人しかいない、というわけである。

経学の根本は、その「古文辞」を、すなわち「道」を、ひたすら熟視して、古言《こげん》の姿に通暁し尽くすことにある。通暁してみれば、「古文辞」の格調を帯びた文章は、さまざまな強さの度合で、さまざまな時代に存在することがわかる。時代により、場所により、それらの強度も外観も異なるが、そうした格を秘めた文章は、読む者が「古文辞」に通暁してさえいれば、たちどころにしてわかる。また、書くことができる。

そのように「古文辞」の系譜の内を流れている文章は、どんな時代にも空漠とした理屈を言ってはいない。それが持つ一種の匂いのようなもの、色合いのようなもの、意味に置き換えられない卓然たる姿のようなものによって、無私な愛読の対象となっている。思えば、時代が生む言辞の濁流のなかにあって、無私な愛読とは、何と優れた濾過《ろか》装置だろうか。意味、観念、議論、妄想の濁流の泥から、黙って言葉の純金を取り出すものは、無私な愛読の実践しかない。しかし、その実践を受け容れてくれる文章、古文辞の格を持った文章は、まことに少ないのだ。徂徠は、そう考えていたようである。

†事物当行之理

『徂徠先生答問書』は、古文辞学の初学者に向かって、手紙のやりとりの形で書かれたものだが、そうした対話劇だからこそ現われるような、要約し尽くされた明晰さがある。これは、仁斎の『童子問』の場合も同じだ。その『答問書』を、もう少し覗いてみようか。

先ほどの「愚老の懺悔物語」の次に来る文章を見てみよう。

徂徠は言う。以上のようなわけで、「道」とは、偉そうに述べられる空漠とした理屈ではない。聖人が作為した「古文辞」の優れた姿そのもののなかに在る。しかし、そう言えば、朱子学や老荘の大仰な教えに泥《なず》んだ君たちは、さぞかし不審の念を持つことだろう。もっともなことだ。「道」は「事物当行之理《じぶつとうこう》」であるとか「天地自然之道」であるとかと、人を煙に巻くために言い出された理論ばかりを吹き込まれ、「五経」の本文についてはこれを直《じか》に読む何の経験もしてこなかったのだから。

「天地自然之道といふ事ハ老荘の説に候」。この説では、言語による作為一切が、まるで親の仇のように攻撃され、否定され、「有之儘に毫髪の付添もなき天地其儘之道」が称揚される。ちょっと聞いたところでは、誰にもなるほどと思わせるが、それでは聖人は一体何をしたのか、ということになる。何もしないことを薦めたに過ぎないのか。そういう理屈は、「聖人の道を破却」することにつながる。

「天地其儘之道」などというものは、突き詰めれば単なる自然法則であろうから、そこには聖も俗もない。従って生きるべき「道」もない。また、そういう考え自体が、恣《ほしいまま》な言語によって、至って大がかりに構成されているのだから、そこに天地の有りのままが有るとは、とうてい言えまい。

宋儒、朱子学が好んで言う「事物当行之理」は、「天地自然之道といふ見を底に帯《おび》候て説出《ときいだ》したる説」にほかならぬ。要するに、いかに生きるべきかの問題を、天地自然のうちに在る物の運行の理に預けてしまおうとする思想である。ここで否定されているものは、生きる意志であり、学ぶ努力であり、何よりも、人間に言語が備わっていることのかけがえのない価値である。

ところが、人は一般に「事物当行之理」という考え方を好む。そうした説のなかで、「道」を求めることなしに生き、理屈ばかり言い募ることを好む傾向がある。どうしてだろうか。言語が在ることの弊害と言うよりほかはない。言語への軽蔑は、言語への軽信と、ここではいつも表裏の関係にある。反対に、聖人の古言を深く信じる心は、言葉に言葉を重ねて成り立つ空論への深く、烈しい疑いを、いつも従えている。

「事物当行之理」で何でも説明したがる人は、それ自体として在るものを尊重するようでいて、実はそうではない。それ自体として在るものは、人間が考えつくすべての理を超えている。超えているが故に、聖人は「六経」を定め、古文辞を生み、それ自体で在るものに到る「道」を自然のなかに敷いた。

これを為し遂げた人だけを、聖人と呼ぶ。信じるべきは、こうした聖人たちが、かつていたことであり、彼らの「古文辞」が、現に今も遺っていることである。「古文辞」は、それ自体で在るものを決して説明しない。ただ、そこに到る「道」を、私たちのために敷いてくれるのである。

したがって、「事物当行之理」などは、「是皆自《みつから》信ずる事厚く、古聖人を信ずる事薄き所より生したる説に候」ということになる。「自《みつから》信ずる事厚く」とは、自身の理智を誇って、各人お好み次第の説を立てることである。こんな勝手な臆見が、どうして聖人の系譜を継ぐ儒学と言えようか。そのような学者らは、自分を信じていると言うよりは、何をも信じていないのであり、信じる真面目さを、生きる誠実を欠いているのだろう。

彼らの言うことは、今日はこうだと言っていても、日が経てばまたああだと、簡単に変わる。勝手放題な人間の理智とは、そんなものに過ぎない。我々が持ち合わせる小智など、所詮はみな、そんな具合の出来である。信ずるに足るものを、そこに見つけ出すことは、どう考えても不可能だ。これは、すでに現実が教えていることではないのか。さらに続けて、徂徠は言う。

「聖人之道ハ甚深広大にして、中々学者之見識にてかく有《ある》べき筈の道理と見ゆる事にてハなき事也。しかるを我知り顔に成程《なるほど》尤《もっとも》かくあるべき筈と思ひたらんハ、聖人へ此方《こちら》より印可《いんか》を出す心根、誠に推参《スイサン》之至極と言つべし、[……]」。

聖人の道は、はなはだ深くて、広大である。その道を、聖人でない我々が「かく有《あ》るべき筈の道理」で言い換えれば、必ず浅はかなものになる。また、わかったと思うものだけを取り上げ、その他を棄てる。そうやって、憶説に憶説を重ね、聖人の敷いた「六経」から、日々どこまでも遠ざかる。遠ざかるにつれ、自分は聖人より偉い人間であるかのように思えてくる。聖人を讃えるような口ぶりで、よく見れば思い上がった免状を出している。「誠に推参之至極」、無礼の極みである。

†「道」は言葉に在る

徂徠が抱く根本の考えは、人間智は限られたもの、たわいなく、定めなく、混乱を免れ得ないものだというところにある。天の声を直接に聴くことができる者などは、私たちのなかには決していない。この考えの深さ、強さが、「聖人」という人間以上の人間を、どうあっても必要とするのだと、言えば言えるだろう。

しかし、「七聖人」という人間たちを、歴史の始めに据えて動かさない徂徠の思想は、手前勝手な空理空論から生まれてきたものではない。常識の底を踏み破るような「四書五経」の熟読から生まれてきたものである。「今言《きんげん》」をもって「古言《こげん》」を視るな、とは徂徠が繰り返し語ったことだが、単なる古典学者のわかりきった説教ではないだろう。「古言」の姿が絶対のもの、決して他に置き換えられない、意味を拒絶した運動として感じられていた人の言葉だろう。徂徠にとって、「道」とはすなわちそういうものを指した。こういうところには、なかなか行けるものではない。と同時に、ついにそこへと達した愛読者、荻生徂徠の孤独な、自分にも御しかねるほどの喜びを私は想う。

「今言」をもって「古言」を視る人は、古典学者のなかにも腐るほどいる。自分が、よもやそうとは気づかずに、古典の上にあぐらをかくのである。私たちは、誰もが自己の言語のなかで、ただそのなかでだけ、意識を持ち、思考し、感じる。そこに湧き続ける意味のプールに、半ば溺れながら生きている。聖人の「古言」は、そういう者の目にも姿を現わすが、まずたいていは、自分自身の「今言」が作り出す意味を纏ってしか視えていない。そこには、自身の姿が映っているだけである。小智を振るって「事物当行之理」を述べ立てる自身の姿が。

「事物当行之理」という言葉は、徂徠の時代にはよほど重宝されていたらしく、何かを行なうに決まりのあるところ、これはこうすべき、あれはああすべき、というところには、構わず用いられている。茶の湯、生け花、和歌、書道、剣術、小笠原の礼法、裃《かみしも》の着方や腰の大小の差し方まで。このような「理」と聖人の道とは、何の関係もないと徂徠は言う。「事ハ替りても理ハ同し事と料簡して、右之様なる類迄を聖人之道と見申候半ハ誠に杜撰《ずさん》之甚敷《はなはだしき》と言つべし」。愚老などは、深く聖人を信じているから、たといその古言を読んで、こんなことはあり得まい、と心の内では思っていても、「聖人之道なれバ定めて悪敷《あしき》事ニてハあるまじと思ひ取りて、是を行ふニて候」。行い続ければ、それに熟すということがある。天性の如くに習い慣れるということがある。その時にこそ、古言の真意が、ひとつの姿のように感得されてくる。

感得されれば、どうなるのか。聖人政治以降、その土地の文明に起こったさまざまな分裂、停滞、紛糾、錯誤のありさまが、掌《たなごころ》を指すように看取できるようになるだろう。聖人が作為した「六経」は、人が生きる法の根源、規矩《きく》の始まりを示すものであって、いろいろな文明は、それを実現する無数の度合によって、分岐し、特色づく。晩年に到り、徂徠はそのような思想を、いよいよはっきりと持つようになった。しかし、この思想は、観念に戯れて「今言」が捻り出したものとは違う。「古文辞」愛読と共に育てられてきた、七聖人に向かっての何か絶対の視力のようなものである。徂徠の愛読の学は、そこまで進んだ。

†なぜ翻訳するのか

そうは言っても、私たちは、今のこの世を現に生きているのだし、日々の暮らしのなかで自分が使う言葉によってしか、ほんとうには考えることも、理解することも、感じることさえもできないのではないか。この疑問は、至極もっともなだけではなく、大変誠実なものでもあるだろう。実は、徂徠こそ、そのような考え方を強く持っていた。

彼が実践した愛読の学は、「古言」をその姿のままに熟視し、考え抜くという方法を採ったが、同時にその「古言」を、今、現に使われている自分たちの言葉に置き換えてみる、翻訳してみる、という努力をも絶えず内に含んでいたのである。この努力は、「今言」を通して「古言」を視ることとはまったく違う。「今言」による「古言」の解釈などに、努力は要らないのだ。私たちは、いやでもそういうやり口に引き込まれる。

徂徠の考える「訳」とは、今、現に用いられている日常語によって、「古言」が表わすのと同じ思考の運動を創り出すことである。それが可能であることを、彼は信じて疑わなかった。彼の初めての著作は、満二十六歳の時に芝、増上寺の漢学講義で口述した『訳文筌蹄《せんてい》』（一六九二）である。その初編六巻が刊本となったのは二十三年後、すべてが刊行されたのは彼の没後だが、写本は原稿完成時からよく出回り、かなり読まれていたらしい。刊本化への要望は、ずっとあったはずだが、まだ不完全だと言って徂徠は刊行を渋った。

主たる内容は、大陸の漢文で用いられる動詞、形容詞などの日本語による解説、訳語の提示である。たとえば、「捨」「棄」「捐」「擲」「投」「抛」「廃」「委」の漢字は、みな共通するところと異なるところを持って併存している。「捨」と「棄」は、「ステル」意だが、前者は「トリアゲテ用ヒヌ」時に、後者は「ステキツテウツチャル」時に使う。「捐」は「ヤクニタヽヌモノニシテ、外エカタヅケテヲク」時に使う。こんな具合に、まことに適切な差異の指摘が次々とあって、漢文を学ぶ日本人には、書く上でも、読む上でも至ってありがたい。むろん、今の人でもそうだろう。

『訳文筌蹄』を口述する、この無名の青年の講義は、遅滞も淀みもなく、ほとんど一気に進められていったように思われる。これを写本で見た当時の学者たちが、驚嘆すべき学識の背景をそこに感じ取ったことは疑いない。徂徠の父親、荻生方庵は、当時の館林藩主、徳川綱吉に仕える医師にして儒者であったが、延宝七年（一六七九）に、藩主の不興を買い、上総《かずさ》の国に流罪となる。その父が、赦免となって江戸に戻るまでの十二年間、徂徠もまた父と共に上総の寒村で暮らした。十三歳から二十六歳までの間である。

『訳文筌蹄』を口述した人の学識は、すべてこの時期に成った。寒村の内で、学問界との連絡はまったく途絶え、読むべき本は手に入らず、田野に暮らす農人ばかりが、話し相手である。これが、よかったのだろう。この環境が、徂徠の天分を「豪杰《ガウケツ》」に育て上げたのである。まず、読むことのできる本は、ごく狭い範囲に限定された。江戸の学問界の詰まらぬ見栄の張り合いとは、無縁に過ごせた。

晩年、刊本となった『訳文筌蹄』の序文に当たる「題言」で、徂徠は言っている。上総時代の自分にとって、信用のおける儒学書は、父が持っていた『大学諺解《げんかい》』の一冊きりだった。誇張された話だろうが、そんな話も出るほどの環境を想えばいい。『大学諺解』とはどんな本なのか。「四書」のひとつ『大学』に関する注釈書であることは、確かだろう。

「予《わ》れ此れを獲て研究し、力を用ゐるの久しき、遂《つひ》に講説に籍《よ》らずして、遍く群書に通ずるを得たるなり」と「題言」にはある。

『大学諺解』なる本については、詳細が明らかでないらしい。林羅山に同名の書物があったことは、記録から知られるが、それ以上のことはわからない。吉川幸次郎は、この推測に疑いを持っている。「それならば、鋭敏な青年を驚喜させ、その読書力充実の発端となるには、ふさわしくない」(『仁斎・徂徠・宣長』一九七五、岩波書店)と言う。林羅山は、徳川幕府の官学に採用された朱子学を長く主導した林家の祖である。上総時代の徂徠に、まだ朱子学への反発はないが、それにしても羅山ごとき者の書物が、という直覚が吉川にはあるのだろう。そこで、こんな仮説を出している。

「ひそかに考えるに、中国の口語による儒書の注釈で、『諺解《げんかい》』と呼ばれるものが往往ある。これもその一つであり、それをもって中国口語研究の発足点としたのではないか。単に口語の語彙語法にはじめて接したばかりでなく、中国の口語と文語の関係を洞察し、おおむねの漢籍の用語は文語であるのを、口語のリズムへの熟達によってよりよく読むという後年の方法、その開拓の手はじめとなったのではないか」。(同前)

要するに、徂徠が読んだ『大学諺解』とは、『大学』に関し、いつの頃かに中国で出された一種の現代語訳だったのではないか、という説である。そう考えれば、面白い。これによって、徂徠は漢籍を「口語のリズム」で読む道を見出した、というわけだろう。

古代から日本人が訓み習わしてきた漢籍は、いわゆる漢文訓読体の文語であり、これが、誰も知るように、やたらと厳めしく、重苦しい。ところが、もとの文章は、こんな偉そうな言葉で書かれているのではない。聖人の「古文辞」は別格として、漢籍にひしめく古典群は、成立時は口語に近いものだっただろう。では、これを読む私たちも、私たち自身の口語のリズムに原文を置き直して悪いはずはない。いや、読む者としては、その心掛けを忘れてはならないだろう。

†訓読

古代日本に漢字、漢文が伝わって以来、日本人はこれを「訓読」によって受け容れる、という異常な努力を続けてきた。「訓読」とは、視た文字を、視る端から翻訳してしまうことである。「子曰、学而時習之、不亦説乎」という『論語』冒頭の句は、「子《し》の曰《のたま》わく、学びて時にこれを習う、亦《ま》た説《よろこ》ばしからずや」と、いきなり翻訳して読む。『論語』は、まるで初めから、このように堅苦しい日本語で書かれているかのように読むのである。

この努力は、外国語学習といったものではないだろう、日本語の体系を、音韻も語彙も統辞法もまったく異なる外国語の文字体系に一挙に溶接するという、他国に例を見ない読書術だった。この読書術は、日本語を文字で書く場合にも、逆用して使われた。しかし、外国語学習の正常な過程を抜きにしたこの作文は、当然ながらうまくいかない。日本人が漢文として書いた文章のほとんどは、本場の中国人には、さっぱり意味の分からない代物になった。

『訳文筌蹄』の「題言」で徂徠は言っている。「中華の人」は、「読書読書」と言うが、自分にとっては「書を読むは書を看《み》る」ことにほかならなかったと。読むのではなく、「看る」。つまり、返り点を打っての昔ながらの訓読はせず、黙って文字に見入る、ということだろう。あちらとこちらとでは、話せば語音は異なるのだから、こちらでは「耳口の二者、皆な力を得ず、唯《た》だ一双の目のみ、三千世界の人を合はせて、総て殊《こと》なること莫《な》し」。漢文に返り点を付けて「和訓」(訓読)を施せば、とたんに音は変わり、語順は転倒される。では、転倒せずに棒読みで音読すればどうか、それはそれで、どこの国の者にもわからぬ言葉になるだろう。それでどうして、原文にあるはずの玄妙の深意が、尽きない彩り、香気、あるいは「清雅」「雄深」が伝わろう。

だから頼るは、「唯だ一双の目のみ」、という次第になる。字だけを睨んで、一切をつかむ。むろんそんなことは、無理なのだが、無理だと言ってみても始まらない。まず、この困難を乗り切る覚悟なくして、「華人」の書物に推参する道は開かれてこないのだ。徂徠の「訳」は、この覚悟から生まれてきている。彼の言う「訳」は、漢学者の間ですでに形骸と化した「和訓」とは、まったく別の精神の集中から生まれてくる。看て、看て、看抜かれた漢語の群れが、和語の中心でおのずからに生まれ変わって新たな命の配列を得る、それが徂徠の目指す「訳」である。

このような漢籍の読み方は、「華人」には、かえってできないだろう。目に映る文字と母語との対応が、自然な一致を示す表記体系のなかで暮らす人間には、日本の漢学者の苦労など思いもよらないことだ。しかし、この苦労は、単に余計な重荷を背負わされることではあるまい。そうであってはならない、というのが徂徠の考え方である。そのままでは読みようのない文字の連なりに一心に、ただもう一心に見入る、この行ないからのみ創り出されてくるひとつの学問があり得る。

†「訳文」とは何か

漢学者流の「和訓」では、訓が同じでも、原義が同じとはならない場合がある。原義が同じでも、用いられるときの意味が異なり、気持ちが異なり、その変異は極まりない。漢学者の大雑把にして厳めしい「和訓」は、むしろ原文のニュアンスに近づくための障害となっている。そのあたりの事情を、徂徠は、「題言」でこんなふうに言っている。

「此れ耳根口業《くげふ》の能く弁《べん》ずる所に非ず。唯《た》だ心と目と双《ふたつ》ながら照らして、始めて其の境界を窺《うかが》ふことを得《う》。故に訳語《やくご》の力、終《つひ》に及ばざる所の者の存する有り。訳以て筌《せん》と為す、是れが為《ため》の故なり。然れども訳の真正なる者は、必ず眼光《がんくわう》紙背に透る者を須《ま》ちて初めて得《う》」。

「華人」なみに大陸の言語を聞き、話せないのなら、目を使うしかない。「心と目と双《ふたつ》ながら照らして」、そこに字義の焦点がひとつに結ばれてくるのを待つ。結ばれてくれば、「訳語」は、おのずから心中に湧いて意識を満たすだろう。その言葉は、自分の言葉、自分が生きて用い、内側から感得している和語の運動それ自体となるはずだ。徂徠の言う「訳文」とは、そうした言葉の働きのことを言う。

当然ながら、その「訳文」もまた、原文の働きを尽くさない。尽くすことは、もともと不可能なのである。「訳語の力」は、「終《つひ》に及ばざる」ところをいつも残す。だからこそ、と言おうか、「訳文」は、あくまでも「筌蹄」であることを必須とする。「筌」とは魚を、「蹄」とは獣を捕るための仕掛けのことである。「訳文」は仕掛けに過ぎないのだから、獲物を捕らえてしまえば、「筌」も「蹄」も不要になろう。捕らえられたものの前で、消えていい。しかし、捕らえられたものとは、何か。どんな言葉とも、文字とも同じではないひとつの運動のようなものではないのか。巻き上げる砂塵や枯葉が、その形を視させる竜巻の運動そのものではないのか。

「眼光紙背に透る」読書の達人は、その竜巻のほうを視て、砂塵も枯葉も決して視ることはない。これには、愛読の達人たることを要する。「訳文」は、そうした人の紙背に徹する眼光を得て、初めて活きるだろう。

†「訳学」と「古文辞の学」

徂徠が嫌った漢学者流の「和訓」は、彼から見れば、文字への、あるいは言語そのものへの軽信、妄信を助長するのに格好のものだ。単に「和訓」は、「華語」にある原文のニュアンスを消すから、排されるのではないだろう、原文の彼方にある言葉の運動に、一挙に身を置く道を、始めに閉ざしてしまう頑固な障害物であるが故に排される。

『訳文筌蹄』の「題言」は、次の文で締め括られている。

「故に華《くわ》と和《わ》とを合して之を一にするは、是れ吾が訳学《やくがく》、古今を合はせて之を一にするは、是れ吾が古文辞《こぶんじ》の学。此れ等《ら》の議論、大いに是の編と没交渉《ぼつかうせふ》なるに似て、其の実は亦た大関係《だいくわんけい》の焉《ここ》に存する有り。故に此《ここ》に附言すること爾《しか》り」。

『訳文筌蹄』の本文は、徂徠の学問の出発点で成り、その「題言」は、到達点で述べられている。自己の学問を生き通してみれば、それは「訳学」と「古文辞の学」との二つにまたがっていることがわかる、と彼は言っているのである。「訳学」は、「華」と「和」とを合《がっ》するために、言い換えれば、場所による、国による言語の違いを超えるためにある。

「古文辞の学」は、「古今」を合わせてひとつにするために、すなわち時代による言語の違いを超えるためにある。る言語の違いを克服するためにある。

二つの学は、一見して別ごとのようだが、まったくそうではない。二つの間には、「大関係」の存することを知らねばならぬ。そもそも、「華」と「和」とは、なぜ努力して合《がっ》しなければならないか、自分の心が生きるのは、この場所、「和」のなかでしかないからだ。自分は「華人」ならざるこの身と心とをもって生きるほかない者だからだ。「古今」を合するのも、同じ理由によるだろう。古聖人たちの心は、決して自分のものではない。自分は、ただ彼らをどこまでも信じ、慕うことを以て、自己自身たろうとしている今の人である。この事実がなければ、「古文辞学」というものはなかった。

要するに、二つの学の「大関係」は、身ひとつで生きることの誠実があれば、おのずからのものとして「存する有り」なのである。このような誠実が、ありそうで、なかなかにないことは、世の儒者たちが散々に示してくれているではないか。「四書五経」なるものを、厳めしい「和訓」によって豪《えら》そうに教え、的外れの壮大な解釈で庶人の頭を悩ましているような先生たちは、この誠実を根本から欠いているのである。文字を学んで、文字に溺れ、己を偽る術《すべ》を学問と取り違えている。

これは、書を読み、学問をするほどの者たちには、大変ありがちなことだが、そういう彼らが徒党となり、組織を作って威張り出せば、厄介なことになる。世のありさまを危うくする、ということも大いに起こりうる。このことは、文字が発明されて以後、どんな時代にもあった災厄だ、というのがプラトンの考えだった。仁斎にも、徂徠にも、ほとんどまったく同じ考えがあったと見ていい。

徂徠の生涯を、彼の言葉で辿ってみると、その学問が文字の呪縛を破った三つの出来事が浮かび上がる。ひとつは、父に従っての上総での流罪の暮らし、ここでの徹底した独学が『訳文筌蹄』を生んだ。次には、将軍綱吉に命じられての御小姓衆素読吟味役の日々、これが眼光紙背に徹する読書の極意を悟らせた。最後に、四十歳を前に訪れた伊藤仁斎との邂逅である。仁斎の名は、上総時代から知っていたようだが、ほんとうの影響は『語孟字義』の熟読によって決定したのではなかろうか。

徂徠が仁斎から受け継いだものは、愛読の方法、いや方法というよりは、愛読によって生きる態勢であろう。彼らは、その態勢を「豪傑」の姿と呼んだ。徂徠は、『語孟字義』を読んで、仁斎の体内を流れるのは、まさしく孔子、孟子の人格の血そのもの、と観じたに違いない。言い換えれば、古聖人から真っ直ぐに孔子、孟子を通り、ついに仁斎へと流れくるひとつの魂の系譜をつかみ取ったのである。系譜をつかみ取らせたものは、孤独な愛読者の何ものも懼《おそ》れることのない誠実だったと言っていい。

†文字というものの「さかしら」

最後に、本居宣長（一七三〇〜一八〇一）の話をして、おしまいにしようか。徂徠、仁斎は、儒学者だが、宣長はむろん国学者である。『古事記』と『源氏物語』とが、あるいは『延喜式　祝詞』や『万葉集』が、最も精魂を傾けた愛読の対象だった。儒学の底に沁みついた文字による「さかしら」を、確固とした和文で批判し、論破した。その論の委曲を尽くした精緻を凌《しの》ぐ国学者は、彼のあとついに出なかった。近代の国文学者にも、もちろんいない。

徂徠、仁斎が宋学、あるいは朱子学の振り回す空理空論を否定したのとほとんど同じやり方で、宣長は、大陸伝来の一切の思想、学問を「漢意《からごころ》」による「空言《むなしごと》」として否定した。しかし、この喰い違いは、私には重要なこととはまったく思われない。徂徠は、仁斎より三十九歳も年下だが、その徂徠に、宣長は六十四年遅れて生まれた。宣長が生まれる二年前に、徂徠は死んでいる。しかし、彼らを貫通する血の類似《アナロジー》は、時代の隔たりなどを、いささかも感じさせない。

仁斎は、若い頃に傾倒し、没頭した宋の大解釈学が、突如として根も葉もない大風呂敷に観えた人である。それに気づかせたものは、ほかでもない、その大風呂敷が基づく『論語』『孟子』の真っ直ぐに澄んだ原典の姿だった。とりわけ、『論語』が持つ「平易近情」の語り口は、たとえようもなく優れたもの、「最上至極宇宙第一」としか言いようのないものだ。

『童子問』で、仁斎が言っていたではないか。高きにある者は、その場所から低きを視る。故にその言葉は、いつも平易であり、穏やかであり、細やかな情に通じる。低きにある者は、その場所から高きを見上げて睨む。だから、その言葉は、いつも硬く、仰々しく、空疎な威厳を取り繕っているのだと。

これとまったく同じ論法を、宣長は『古事記伝』の序説「直毘霊《なおびのみたま》」で用いている。儒学にある「道」の思想を、やたらと有り難がる連中は、『古事記』には荒唐無稽の物語、神話のみあって、「道」の教えも思想もない、と言う。とんでもなく転倒した話である。「漢国《カラクニ》」にある大陸式の儒学が、うるさく、かしこげに「道」を言い立てるのは、それを言わねばならぬほど、世のありさまも、人の心も乱れ、覇権を求めて相争ってきたためである。「皇国《ミクニ》の古《イニシヘ》」はそうではない、大仰な理屈は言わずとも「下が下までみだるゝことなく、天下《アメノシタ》は穏《オダヒ》に治まりて」、代々の天皇《すめらみこと》に皇位は受け継がれてきた。おのずからのこととして、「遠長《トホナガ》に伝はり」て在った。これを漢学者流に言えば、「是《コレ》ぞ上《ウヘ》もなき優《スグレ》たる大《オホ》き道」が在ったということではないか。

そこで宣長は言う。「実《マコト》は道あるが故に道てふ言《コト》なく、道てふことなけれど、道ありしなりけり」と。これは、逆説ではない、まったく当然の成り行きだと、宣長は考えていた。「道」がある時には、人はそのことを語らない。道徳だの何だのを賢げに、偉そうに語ったりはしない。「道」は穏やかに、楽しく生きるその暮らしの、おのずからな循環の秩序のうちにある。宣長は、このおのずからに成り立つ道を、「神《かむ》ながらの道」として唱えた。その根本は、年ごとに米を作り、繰り返し与えられる収穫を、天上の神さまたちに感謝して生きる祭《まつり》の暮らしにある。その暮らしの永遠こそ、「道」が在ることの証《あかし》なのだ。

これを、はなはだ幼稚な考えのように思うのは、大陸式の理屈に、漢文で書かれたこけおどしの思想もどきに、すっかり頭をやられているからである。後に「日本」と呼ばれる場所に暮らしていた古人たちは、文字が染み込ませる「さかしら」を少しも知らなかった。

彼らが知っていた「道」は、文字ではなく、口伝えによる美しい物語と、その精髄たる和歌のなかに表わされている。だから、和歌や物語が生まれ出るその本源を究めようとした宣長の探究は、そのまま深化して『古事記伝』という「道」の学問になったのである。

†本居宣長の国学

仁斎、徂徠が学問の対象にした漢文は、言うまでもなく彼らにとっての外国語だった。彼らは、ただこれを目から学んで、どこまでも血肉化していくほかなかった。血肉化して、さてそれを言葉としてどう発するか。昔からある漢学者流の和訓は、目から一挙になされるまことに独特で奇妙な翻訳である。

仁斎は、読む場合にも書く場合にも、「和訓」の慣習に深く、立派に従ったが、徂徠は、どうにかして「和訓」なるものの不自然を乗り超えようとした。徂徠の「訳学」は、そのためにあった。いずれにせよ、外国語で書かれたものに対し、みずからの言葉をもって闘おうとする彼らの志が、二人の学問を凡百の儒学者から大きく引き離し、傑出させたのだと言っていい。

宣長の国学でも、漢字との格闘という性質はもちろん変わらない。いや、語彙も統辞法も根本から異なる外国語を表記するための文字を使って、自国語を表記しなくてはならなかった古代日本人の異様な辛苦は、契沖、真淵、宣長へと続く国学の系譜によってこそ、精確に辿り直された。国学者たちが取り組んだ三大古典、『古事記』『万葉集』『祝詞』は、仮名のない時代に、どれも独特な、異様な漢字表記で書かれた古代日本語としてあった。たとえば、漢字の衣を着せられた和歌のこの一首をどう訓《よ》むべきか、ということは、彼らが心血を注いだ精神の闘いだったのである。

そういう学問が生まれたのは、ひとつには、もはや読めなくなった異様な文献があるからだが、もうひとつには、そこに書かれてある言葉の限りない価値が、一身を賭けて、徹底して信じられていたためである。ふたつのことは、見方によっては矛盾している。読めなければ、その価値は信じられまいし、すらすら読めるのなら、国学者の努力は必要ない。

しかし、考えてみれば、このような矛盾は、国学の場合に限らない、愛読というものに必須の条件ではなかろうか。何の苦労もなしに、すらすら読める本は、情報や娯楽として消費されれば、そこで捨てられる。紙屑が捨てられるのと何ら変わりがない。簡単には読めないが、惹かれてやまない本だけが、いつまでも取っておかれて、繰り返し読まれる。そうすると、あそこがわかり、ここがわかりして、そういうものに惹かれてやまない自分自身というものが、とうとうわかってくる。あらゆる愛読は、自己発見の頂きに到る長い山登りである。

わからないけれど、強く、止むことなく惹かれる、そういう不思議が私たちに起こるのはなぜだろう。私たちの天与の気質が、天分が、そこで動いているから、と言うよりほかない。あるいは、こう言い換えてもいい。読めないけれど、惹かれてやまない本がある時、私たちは、そこに書かれてあることを、半分くらいはすでによく知っていたのである。ただし、その知り方は、知識によるのでも、理屈の筋道によるのでもない。途方もなく遠い記憶、自分が生まれる以前からずっと続き、ついに自分という個性を生んだ、生の曲率のような遠い記憶による。

†「言霊」の働き

母語とは根本から異なる言語の文字表記を、母語の表記に用いた日本の古代人は、一方では、公式の文書を漢文で書き、これを訓読した。しかし、他方では、決して漢文に置き換えるわけにはいかない歌や物語や神さまに述べる言葉を、独自の漢字表記を発明して書いた。なぜ、置き換えるわけにはいかなかったのか。訓読される漢文という公式言語に移せば死んでしまう生の曲率が、言葉の運動それ自体としてあったからである。国学者たちの仕事を、深く、止むことなく導いたのは、この直観だった。

この直観は、彼らを実に遠いところまで、あまりにも遠いところまで導いていったと言える。漢字、漢文という、外国の文字で書かれるものへの抵抗は、やがて文字がもたらす語の諸区分すべてへの疑い、批判、あるいは否定に育った。言葉は、ばらばらに分解できる語の集まりとして意味を構成するのではない。言葉は、生の曲率を顕わしながら繰り延べられていくひとつの運動である。そこに生じては流れ去っていく独特の姿は、律動は、文字にはない。といって、あれこれの声に宿るのでもない。それらのものすべての向う側に、言葉という魂の運動それ自体として在るのだ。万葉歌人は、それをこそ「言霊《ことだま》」と呼んだのではないか。

『古事記』『万葉集』『祝詞』が、その異様な漢字表記で記し留めようとしているのは、このような「言霊」の働きであり、ただそれだけである。他のものを記す要はない。なぜなら、この国の信仰も、道徳も、暮らしの秩序も、本来はまさに、その働きのなかにこそはっきりと備わっていたからである。宣長の「道の学問」は、漢字を超え、文字を超え、音声さえをも超えて、「言霊」の働きそのものの内に分け入る、唯ひとすじの生の努力となった。

†「学びやうの法」などはない

そんなわけで、江戸時代の国学は、言葉を取り扱って、まことに恐ろしい学問となったが、本居宣長の『古事記伝』は、やはりその極点を示している。今の私たちであっても、少し辛抱して読めば、こんなに心が沸き立つ本はないと感じる。まず奇怪な漢字表記が、この上なく美しい和語に、ひと息で訓み下される、その手振りが水際立っている。神話、伝説上のいろいろな出来事が、「言霊」の働きによる事実として、緻密に、精確に、意を尽くした言葉で注釈づけられると、これ以外に〈事実〉と言い得るものはなかったかのように思われてくる。いや、なかったのだろう。そういう世界が、ほんとうに在ったもの、今も在り続けるものとして描き出されている。

この『古事記伝』を宣長は、満三十四歳の時に書き起こし、稿が成ったのは、六十四歳の時である。伊勢松坂で生涯医者として暮らしていた彼のもとには、多くの国学上の門人がいたが、さて門人とは、何をする者たちであろうか。師と呼ぶ人から、わざわざ何を学ぼうというのだろうか。一体、どうしてほしいと言うのだろうか。

仁斎、徂徠、宣長はこの言葉の最も豊かな意味において、独学者だった。宣長には、賀茂真淵という文通上の師匠がいたが、この弟子は、松坂から江戸の師匠の仕事を見ているだけで、たくさんだっただろう。その天才ぶりも、苦しさも、避けられなかった欠落もよく見えていたに違いない。つまり、宣長は生きている誰の門人にもならなかったし、誰からの手ほどきも受けなかった。

その宣長が、最晩年に至って『うひ山ふみ』（一七九八）という名高い入門書を、門人たちの懇請によって書いた。この本が、実に面白い。これを弟子たちがどう読んだかは知らぬが、三百年以上経って、素人の私が読んでみると、これはもう入門書ではない。古典愛読によって、ひとすじに生きた独学者の告白である。その告白は、信ずる業を成し遂げた人の自信、喜び、感謝でいっぱいになっている。

「うひ山ふみ」（「宇比山踏」とも書く）とは、初めての山登り、という意味である。「物まなび」の山に初めて登る人たちのための標《しるべ》を、死ぬ前に書いておこうとした。親切な話だが、書こうとすると、さて書くことなどは別にない。「物まなび」には、「道の学」あり、「神学」あり、「有職の学」あり、史学あり、歌学もありといった具合で、お好み次第である。それぞれに「学びやうの法」があり、教える側、教わる側の気質、性癖もさまざまだ。

せいぜい良い先生を見つけて、しかるべきことを学んだらよい。
一応は、そう言ってみてから、宣長は次のように書く。

「然《しか》はあれども、まづかの学のしなじなは、他よりしひて、それをとはいひがたし。大抵みづから思ひよれる方にまかすべき也。いかに初心なればとても、学問にもこゝろざすほどのものは、むげに小児の心のやうにはあらねば、ほどほどにみづから思ひよれるすぢは必《ズ》あるものなり」。

好むところ、好まぬところ、持って生まれたところ、そうでないところがあるだろう。好まぬことをやっても「功を得ることすくなし」で、誰にもあてはまる指針など、要するにない。ああしろ、こうしろと言ってみるのは簡単なことだが、「そのさして教へたるごとくにして、果してよきものならんや、又思ひの外にさてはあしき物ならんや、実《まこと》にはしりがたきこと」である。

宣長は、もちろん謙遜しているのでも、とぼけているのでもない。「学びやうの法」を門人たちにあらためて説こうとして、つくづくと考え込んでいるのだろう。自分がしてきたことが良かったから、それをやれとは到底言えない。言えない何かが、学問というものの核心に在る。学んで生きることの中心を占めている。それで、こう言ってみるしかなくなる。

「学びやうの法」などは、「しひては定めがたきわざにて、実はたゞ其人の心まかせにしてよき也。詮《セン》ずるところ学問は、たゞ年月長く倦《ウマ》ずおこたらずして、はげみつとむるぞ肝要にて、学びやうは、いかやうにてもよかるべく、さのみかゝはるまじきこと也」。

学び方がどんなによくても、怠って励まなければ、何も成就しない。才のあるなしは、言っても仕方のないことだから、考えぬがよい。不才な人、晩学の人、暇のない人、みなそれぞれの事情に応じて怠らず励めば、それぞれの功を成すものである。「思ひくづおれて、止むる」、これだけがいけない。

わかりきった教えではない。怠らず励む、というこの簡単な一事が、実はどんなに難しいか、胸に手を当てて考えてみれば、誰も思い当たるところがあろう。怠らず励む自分を維持する心の努力は、学問の工夫そのものと完全に一致して、切り離せない。このことを、どれだけの人が、腹に沁みて知っているか。

どんな学問を、どんな方法で行なうかは、学ぶ人の心まかせにして一向に構わぬ。しかし、ただそう言うだけでは、諸君は取りつく島がなくなり、おのずから業を怠るきっかけともなろう。ひとわたり、何を読んだらいいかだけは、ほんの参考程度に述べておく。そう話して、師匠は国学の徒が読むべき諸書を挙げる。

†道の学問

学びのすじはいろいろとあり、どれも大事なものだが、ひとりの生涯をもっては、すべてをその奥まで窮めることは難しい。したがって、まず「其中に主《ムネ》としてよるところを定めて、かならずその奥をきはめつくさんと、はじめより志《シ》を高く大にたてゝ、つとめ学ぶべき也」と、宣長は言う。そのほかの学びは、なお余力があれば、できる限りにやればいいと。「主《ムネ》としてよるべきすじ」とは何か。それは、どこに在るのか。師は、ここに至って初めて思うところを断言する、「道の学問なり」と。

「道の学問」とは、何だろう。最も簡単に言えば、人はいかに生きるべきかを知る学問である。諸君が納得しようがしまいが、自分は固くそう信じ、生涯かけて『古事記』をただ一心に訓《よ》み解いて、『古事記伝』を書き続けた。まったく怠らず、その業に励んできた。そうさせたものは、「道の学問」を「主《ムネ》」として揺るがない、この身ひとつの「志」であった。そう言うしかない。『うひ山ふみ』の言葉を聞こうか。

「道を学ぶを主とすべき子細は、今さらいふにも及ばぬことなれど、いさゝかいはゞ、まづ人として、人の道はいかなるものぞといふことを、しらで有べきにあらず。学問の志なきものは、論のかぎりにあらず。かりそめにもその心ざしあらむ者は、同じくは道のために、力を用ふべきこと也。然るに道の事をば、なおざりにさしおきて、たゞ末の事のみ、かゝづらひをらむは、学問の本意にあらず」。

『うひ山ふみ』のなかで、結局この言葉以上に大切なものはないように、私は思う。「末の事」とは、調査によって知られるいろいろな事実、証明された知識のたくさんの集まりのことを言う。それらが、どんなに整然と組織されていようと、そんなものは詰まらぬ、所詮何でもない。

「人の道はいかなるものぞ」、このことを真剣に問う心だけが、「末の事」に命を吹き込み、知らずには止み難い魅力を与えることができる。宣長の言う「学問の志」とは、人はいかに生きるべきか、という問いに対する、一身を賭けた愛読者の志のことである。真の、徹底した愛読は、そのような志からしか生まれはしないだろう。「学問の志なきものは、論のかぎりにあらず」とは、いかに生きるべきかを問わない者に愛読は無縁、その者は愛読から見放されている、ということである。

†身ひとつの愛読

「道の学問」あるいは「道の事」への宣長の志は、仁斎、徂徠が儒学を通してつかみ直した精神の系譜を、直接に受け継いだものだと言っていい。厄介なのは、国学の対象である神物語も古歌も、『論語』とは違い、「道」には程遠いもの、それとは一向に無関係なものであるかのように見えることだ。

契沖、真淵の万葉研究のなかには、明らかに「道の学問」への志があった。だが、その「道」は、どこにもはっきりとは語られていないのだ。これは、尊いことかも知れない。「道」あるが故に、「道」に関わる言葉がないということは。しかし、宣長は、二人の師のようには振る舞わなかった。「道の事」は、『古事記』注釈の根幹に据えて語り抜かれることになった。これは、儒学に対抗するためではない。むしろ、仁斎、徂徠が創り出した愛読者の系譜が、彼の心へと血のように流れ込んでいたためだろう。

『論語』が「道」を説くことは、まさに「平易近情、意味親切」の言葉をもってだった。人が生きる「道」は、ほんとうには、そうした説き方でしか語れないところに在る。宋学が繰り拡げる大風呂敷の理論体系などで、人の心は生きられもせず、救われもしない。仁斎、徂徠が喝破したのは、この事実だが、宣長に到ると、この事実はもっと徹底したところで語り直される。

『古事記』『万葉集』『祝詞』では、「道」は、ひと言の理屈もない美しい歌や物語や唱え言《ごと》のなかに、神話上の神々の事跡を伝える言葉のなかにおのずと示されている。「道」在るが故のこの穏やかな寡黙を、雅《みやび》な慎みを、「漢意《カラゴコロ》」の理屈に染まり抜いた今の人間は、どうあっても知らなくてはならない、そういう考え方を宣長はした。したがって、仁斎、徂徠が痛罵した宋学、朱子学の大風呂敷は、宣長では漢字、漢文による大陸の思想全域にまで押し広げられ、烈しく批判される次第となった。

しかし、こういう喰い違いは、要するにどうでもいいことだろう。少なくとも、こまごました思想史などに無頓着な私には、まったくもってそうだ。身ひとつの愛読、という幸福な生き方を通して、三人がめいめいの天分ではっきりとつかんだ「道」の真髄はひとつであり、それはどんな時でも、この上なく語り難いものだっただろうと、私は感じる。そこのところをじっくり想って得ることは、彼らの文章のあれこれを、黙って愛読する者の大きな喜びなのである。

終わりの言葉

プラトンから始まって、宣長の話で終わるこの本は、ごく大まかに言って、ふたつのことを書いている。ひとつは、文字に書かれたものを軽々しく信じるまい、ということであり、もうひとつは、書かれたものへの軽信から私たちが常に免れているための手だては、すぐれた本を愛読するしかない、ということである。どちらも当たり前のことのようだが、ふたつが同時にできている人は、なかなかいない。

次から次に出る本への軽信は、束の間の楽しみと、ぼんやりとした不安や苦痛を与える。すぐれた本を独り愛読することは、生き甲斐と永続する喜びとを与えてくれる。これは、まず間違いない。間違いないが、このことを実際の愛読によって知っている人は、まことに少ないと言える。文筆業者が、やたらと数を増やす所以なのだろう。

そういう愛読書を持ちたいが、何を読んだらいいか教えてほしい、という質問をする人は、今も昔もたくさんいる。私も教師をしているころは、いやというほどその種のことを訊かれた。これは、ほとんど答えることの不可能な質問だ。自分は、何を信じて、どう生きたらいいのか教えてくれ、というのと同じ質問だから。たちどころに、それに答えられる者がいるとしたら、それは何かをたくらんでいる詐欺師である。

人が一生かけて何かを信じるというのは、教えられてする選択ではない。信じるものは、むしろ突然に向こうからやってきて、自分の首の根を捕らえ、次には肚の底に棲み込んでしまう。その時、人は自分が誰であるのかを初めて知る。こういう自己発見は、年齢とあまり関係がないように思う。かなり遅い人もいれば、仰天するほど早い人もいる。どちらでもいいことだろう。天が定めたことなのだから、文句を言う筋合いのものではない。その不思議に感じ入って生きることが大切なのだ。

信じるものが本を通じてやってくるか、それとは別の仕方でやってくるかは人さまざまで、これもどちらがいいとは、もちろん言えない。ただ、こういうことだけは言える。

私たちは、この時代に生きている人々との横のつながりによって生きていくほかはない。とりわけ、人が得をしたり、金銭を稼いだり、出世したりするのは、このつながりに大いに成功することによってだろう。結構なことである。しかし、人間という生物種は、厄介なことにそれだけでは生きてゆけない。それだけで生きていることに、心のほうでどうにも耐えられない出来になっている。大昔から、この事情には変わりがない。

他方、人間種に与えられた言葉という神秘不可思議なものは、死んだ人々との縦のつながりをいつも保証してくれている。死んだお婆さんについての話を母親から聞く、すると、聞いた人の心はお婆さんの魂のなかに飛んで行き、そこで対話を始める。対話して、この人は何と自分にそっくりなのかと思ったりする。言葉で過去を遡る旅は、こうしてどこまでも伸びていく。祖先の伝承とは、本来そうしたものだろう。深くに行けば行くほど、その伝承は熱を帯び、生き甲斐でいっぱいなものになるだろう。

書物がこうした伝承を引き受けてくれる時、私たちが持ちうる縦のつながりは、限りなく富んだものになる。私たちひとりひとりの自己発見は、人類に与えられた魂の持続と創造とに、そのまま溶け込んでいけるものになる。この意味で、信じてやまない愛読書を独り持つとは、人類の魂を継ぐ行為なのである。

そのような愛読書に出くわすために、人は何をすればいいのか、私にはわからない。わからないが、魂から魂への縦のつながりを強く求めて生きる人に、愛読される古典が向こうからやって来ないはずはないと思う。古典は、みずからその扉を開いて、求める人を招き入れるだろう。何を愛読したらいいかという質問に、これ以上の答はどうもなさそうだ。

小さなこの本に挙げて、引用した古典は、みな私の愛読書である。しかし、そんなことは実に何でもない。読者は、私がどんなふうにして本に出会い、本によって生きているかを、ごくちっぽけな一例として知ってくれたら、それでいいのである。

ちくま新書
1363

愛読《あいどく》の方法《ほうほう》

二〇一八年一〇月一〇日　第一刷発行

著者　前田英樹（まえだ・ひでき）
発行者　喜入冬子
発行所　株式会社 筑摩書房
東京都台東区蔵前二-五-三　郵便番号一一一-八七五五
電話番号〇三-五六八七-二六〇一（代表）
装幀者　間村俊一
印刷・製本　株式会社 精興社

ISBN978-4-480-07173-6 C0295

ちくま新書

253 教養としての大学受験国語　石原千秋

日本語なのにお手上げの評論読解問題。その論述の方法を、実例に即し徹底解剖。アテモノを脱却し上級の教養をめざす、受験生と社会人のための思考の遠近法指南。

486 図書館に訊け！　井上真琴

図書館は研究、調査、執筆に携わる人々の「駆け込み寺」である！　調べ方の超基本から「奥の手」まで、カリスマ図書館員があなただけに教えます。

545 哲学思考トレーニング　伊勢田哲治

哲学って素人には役立たず？　否、そこは使える知のツールの宝庫。屁理屈や権威にだまされず、筋の通った思考を自分の頭で一段ずつ積み上げてゆく技法を完全伝授！

695 哲学の誤読　——入試現代文で哲学する！　入不二基義

哲学の文章を、答えを安易に求めるのではなく、思考の対話を重ねるように読み解いてみよう。入試問題の哲学文を「誤読」に着目しながら精読するユニークな入門書。

993 学問の技法　橋本努

学問の王道から邪道まで、著者自身の苦悩から生み出されたテクニックを満載！　大学生はもちろん社会人も、読めば学問がしたくてしょうがなくなる、誘惑の一冊。

1105 やりなおし高校国語　——教科書で論理力・読解力を鍛える　出口汪

教科書の名作は、大人こそ読むべきだ！　夏目漱石、森鷗外、丸山眞男、小林秀雄などの名文をカリスマ現代文講師が読み解き、社会人必須のスキルを授ける。

1249 日本語全史　沖森卓也

古代から現代まで、日本語の移り変わりをたどり全史を解き明かすはじめての新書。時代ごとの文字・音韻・語彙・文法の変遷から、日本語の起源の姿が見えてくる。